はじめに

「獅子はわが子を千尋《せんじん》の谷につき落とす」


みなさん、よくご存知のことわざです。

私たちは、自らの子を千尋の谷に突き落とすことなんて、もちろんできません。谷どころか、50㎝の高さでも1歳や2歳の子どもなら抱えて下ろしてあげますよね。当然です。

しかし、10歳、15歳、20歳……と、年齢が増していく子どもたち。

成長を続ける子どもたちの行く手にもある50㎝の段差を考えてみましょう。

私たちは、その段差も危ないからといってスロープに変え、さらには、50㎝の溝《みぞ》があれば溝を埋《う》める。

そんなことをしていないでしょうか？

子どもたちの歩く道が険《けわ》しければ、険しさを取り除くために手を入れ、コストと時間をかけて一生懸命お気軽な散歩コースへと整備をし、歩きやすい道にする。今の社会、そして親たちはそんな環境を子どもたちに提供しているような気がします。

もちろん、その険しい道を平坦にする背景には、受験戦争、子どもなりの人間関係、家庭環境など、厳しい社会を生きる子どもたちの負担を軽くし、できるだけ荷物を軽くしてあげたいという親心があります。

しかし、学校を卒業し、いざ社会の一員となるとその平坦な散歩道は一変します。突然現われる坂道や川。時には落とし穴らしきものも……。重い荷物を背負ってきたとはいうものの、平坦な道に慣《な》れた多くの子どもにとって、社会の道は険しすぎます。

今、就職難が叫ばれ、1999年からの超氷河期を超える長期の就職の難しさに直面しているという現状に、多くの学生や親が戦々恐々としています。

これまでの就職難は、たんに「就職口の空きがない」というボリュームの問題でした。

ところが、現在はそういった問題だけではなく、今までにない、就職しようとする子どもたちの社会への適応能力と、社会で生きていくための本質的な能力が問われています。

詳しくは本書で触れますが、平坦な道に慣れた子どもたちは、それまでの生活環境の延長で過ごしていると、厳しい社会をたくましく生き抜くことは難しいかもしれません。

この本が、子どもを取り巻く教育環境について、今一度見つめ直す機会になれば幸いです。

わが子の自立が不安なら留学で突き放しなさい！◎目次

第3章 内向きな若者は就職に不利？

第4章 世界で広がる格差社会とグローバル化

第5章 世界に通用するサバイバル力を持とう！

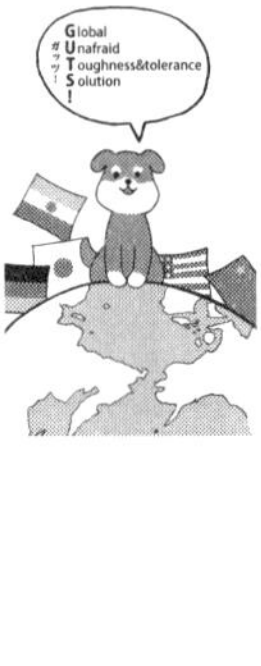

第6章 グローバル時代の新しい「留学」という道

第7章 世界中から声がかけられる日本人に

装丁：冨澤崇

第1章

人間は成長を欲している

◉人の優しさと犬の幸せ

私は大の犬好きで、街でよく犬を観察しています。「人間ウォッチング」ならぬ、「ドッグウォッチング」ですね。飼い主も十人十色でおもしろい発見があります。

最近は、「愛犬・親バカグッズ」などと呼ばれるものを見つけるのも楽しみになっています。愛犬の写真をTシャツに印刷したものを着てお散歩……なんていう光景も、珍しくありません。

先日は、30代ぐらいの女性が、青いトレーナーを着たパグを連れているのを見かけました。女性もおそろいの青いパーカーでキメています。ドッグ用のセレクトショップが増え、犬と飼い主がおしゃれにコーディネートを楽しめるようになりました。

別の日に見かけた光景は、ちょっと刺激的でした。白いプードルを三匹連れたおばさまでしたが、その髪《かみ》は鮮《あざ》やかな紫色。そしてプードルたちの耳の毛もそれぞれ青、緑、ピンクと蛍光カラーだったのです。ついに、犬にもヘアカラーの時代が来ましたか。おしゃれとはいえ、かなりのカルチャーショックでしたね。

どの光景も飼い主の個性と、幸せぶりが反映されていると思います。

私はというと、中学1年の時にわが家にやって来て14年間家族の一員だったジミーという名のミニチュアシュナイザーが一番思い出に残っています。グレーと白の毛が混《ま》じって、まゆ毛が目に覆《おお》いかぶさったようなおじいちゃん風、と言えばおわかりになるでしょうか。賢く茶目っ気のある犬です。

ジミーと私は、親友のように仲良しで、毎晩一緒の布団《ふとん》で寝るほどでした。かわいい鼻でズンズンと布団に潜《もぐ》り込み、クルッとターンして顔を出したあと、子どものように私の隣ですやすやと眠り、寝返りを打つ私に潰《つぶ》されないように布団の中を旅するジミー。お正月、お供えの鏡餅《かがみもち》を引っくり返し、部屋中にバラバラに食い散らかして、帰宅した私にこっぴどく怒られ、「ごめんなちゃい……」と、うずくまりながら小さくなった、いたずらジミー。

毎晩9時の散歩の時間になると、まるで時間を知っているかのように私のところにやって来て、「行こうよ！　行こうよ！」としっぽを振って催促するジミー。凍《い》てつく冬の夜、散歩中に寒さに震えながら一緒に見上げた、満天の星空がホントにきれいでした。

愛犬との思い出

ジミーの表情を見ていると、うれしいことも悲しいことも、人間と同じように感じているのではないかと思えました。私は間違いなく、人の延長として、ジミーを見て、接していました。

ジミーのことを、まるで自分の子どものように思っていたのです。優《やさ》しく、時には厳しく、そんな触れ合いに幸せを感じ、ジミーもまた幸せだったに違いないと今でも信じています。

そんな犬好きの私ですが、最近ちょっと気になることがあります。

◉服を着た犬と日本の若者たち

外に出れば、今日もさまざまなファッションに身を包んだ犬たちが、飼い主と共に散歩を楽しんでいます。ファッションとして楽しむのはよいのですが、気になるのは、ここ10年くらいの傾向として、冬場に厚手の服やコートを着て散歩する犬の姿が増えてきていることです。そこには「寒いだろうから、暖かくして出かけようね」といった飼い主の優しさがあるのでしょう。しかし、犬好きの私ではありますが、最近、その光景を見ると、ちょっとした「怖《こわ》さ」を感じるようになりました。

犬は生まれながらに鋭い嗅覚《しゅうかく》と聴覚《ちょうかく》、そしてさまざまな環境に耐えうる能力と体質を持っています。犬と人間との歴史をたどると、約1万年も前にさかのぼるといわれています。

オオカミを先祖に持つ犬は、狩猟《しゅりょう》や牧羊《ぼくよう》、牧畜《ぼくちく》から始まり、現代では番犬、警察犬、家庭のペットとして、人間の生活に関わる大切な役割を果たしてきました。人間の生活に順応していく中で、人間と独自の関係を築いています。

しかし、**人間との共存の中で、犬が本来持っている素晴らしい能力を削《そ》いでしまっている**としたらどうでしょう？

寒さに強い密度の濃い毛を持った犬たちに、「寒いだろうから」と服を着せ続けたら、立派な毛は抜けていってしまうかもしれません。外敵のいない室内で、人間と同じような生活をさせていたら、優れた嗅覚や聴覚が衰《おとろ》えてしまうかもしれません。彼らが本来持っていた素晴らしい能力が、人間の手によって奪われる可能性もあるのです。

実は今、日本の若者たちにも同じことが起こっているのではないでしょうか。

世界中でグローバル化が進んでいるのに反して、海外に出たがらない内向きな若者たち。

公務員人気が高まり、大きな夢への挑戦や冒険をしなくなった若者たち。

大卒の50%以上といわれる、卒業1年後、定職に就《つ》けていない若者たち。

その背景には、厳しさや競争を排除しようという学校のゆとり教育や、家庭でのしつけの甘さ、他人や周囲に干渉しなくなった社会環境などがあると思われます。

少し前に、幼稚園の運動会でみんな一緒に手をつないでゴールするということが話題になりました。中学、高校ではテストの成績上位者の掲示をしません。高校進学での偏差値競争は批判され、一斉《いっせい》テストも自粛《じしゅく》されるようになりました。

また、学校では教師が生徒を厳しく叱《しか》ることが少なくなっています。子どもが精神的に追い詰められ、それによるいじめや自殺などが起きないよう過敏になっているのではないでしょうか。また、教育委員会や生徒の親からの反応や評価も気になるのでしょう。

しかし、優劣を表に出さず、弱い者に手を差し伸べ、表面的な優しさやぬくもりを求める社会は「厳しさに耐えづらい子ども」を育ててしまうことになると思うのです。

厳しさから遠ざけることで、子どもが本来持っている才能や能力、個性を大人たちが奪っているとしたら、大きな問題です。

◉子どもは本来たくましい

私はこれまで、それが趣味と言えるくらい積極的に、また、楽しく子育てに関わってきました。そして、その中でつくづく考えさせられたことがあります。

人間はオギャーオギャーと生まれてから、最初はひたすらミルクとおねんねの繰り返し。

半年を過ぎると、寝返りしたり離乳食を食べられるようになったり、やがて、ハイハイができるようになります。

1歳になる頃には、ヨチヨチしながら歩くようになり、言葉らしき声を出したり、人見知りも始まったりします。

親は、子どもが何か一つ新しいことができるようになると大騒ぎし、大喜びするものです。それが子どもに伝わると、さらに期待に応《こた》えられるよう、子どもは次の新たなことに挑戦します。


なぜなら人間は、本能的に成長したい動物だからです。ほかの動物たちを大きく上回る「知恵」という素晴らしい能力を持って発達してきた人間の長所だと思います。子どもは自《みずか》らの成長に喜びを感じ、それを楽しんでいるということを、どんな親でも実感できるはずです。


小学生の頃、初めてのさかあがりや、一人で自転車に乗れるようになったときのことを、今でも覚えていませんか?

日が暮れるまで練習したり、何度やっても失敗して泣いたり、友だちに先を越されて悔《くや》しい思いをしたり……。しかし、苦難を乗り越えたあとに実現できたとき、飛び上がるほどうれしかったはずです。

私は、**子どもたちが本来たくましく、厳しさの中でも耐え抜き、自らの才能を発揮しようとする力を持っている、いや、発揮したいというのが人の本来の姿である**と信じています。

もちろん、厳しさだけでも、優しさだけでもダメだと思います。両方が人間にとって必要なものであり、人を成長させるための大切なカギとなるのです。

私自身の話で言うと、小さい頃の家庭環境は比較的厳しいものがありました。私は、三人きょうだいの一番末っ子。普通、末っ子というと、甘やかされる印象がありますが、私の場合はちょっと違いました。

実は、私は父の後妻の唯一の子どもだったのですが、いつも母親には「ごめんね、おまえには充分手をかけてやることができないから、一人で生きていきなさい」と強く言われました。同じきょうだいの中で、血のつながる私だけをひいきにしているように見られたくなかったからでしょう。母も、先妻の子どもを抱える中でいろいろと悩み、闘っていたのだと思います。

学校の授業参観でも、私のクラスに母が来てくれたことはほとんどありませんでした。担任の先生が私のことをかわいそうだと言って、『ユンボギの日記』という、厳しい少年時代をたくましく生きる子どもの本を贈ってくれたこともありました（笑）。

私は時々、「なんで僕だけ…？」と理不尽《りふじん》さを感じながらも、どこかで「ああ、そういうものか。母も大変なんだから頑張っていかなくちゃ」と覚悟をしていたのだと思います。

小学校でお母さんの絵を描《か》くという機会があったときに、いつも厳しい表情の母だったので、みんなが描くような笑顔のお母さんを思い出せなかったこともありました。

もちろん、厳しいだけの母ではありませんでした。

私は小さい頃から、性格的に一人でいることを苦痛に思わない子どもでした。いわゆる「群れる」のが苦手で、みんながしているからと同じことをすることに疑問を感じていました。習い事をするよりも、家で何か工作して物を作ったり、父親の出かけるところにすぐついていって、車に乗っていろいろな場所の景色《けしき》を見ることが好きでした。とにかく、じっとしているのが嫌いな、ちょっと変わった子どもだったんです。

私が小学生の頃は珠算《しゅざん》の全盛期で、クラスのほとんどの生徒が珠算教室へ通っていました。私はあまり珠算に興味がなかったのですが、いくら群れるのが苦手とはいえ、クラスで一人だけ通っていないのは気になるもので、「僕も珠算に通いたい」と母に言いました。ところが母は、「おまえが大人になる頃には珠算なんて使わなくなるから、やらなくていい！」と潔《いさぎよ》く言い放ちました。

今思うと、それは母の優しさだったのかもしれません。

珠算をやっていないせいか、大人になってからも暗算は苦手な私ですが（笑）、母はみんなと合わせて同じように生きるより、「自分らしく生きなさい」と強く応援してくれていたのだと思います。

子どもは、厳しい環境でも、親の愛があれば自らの道をたくましく生きることができるものなのです。

◉困難な時代を生き抜くために

人生には、さまざまな「理不尽」がつきものだと思います。仕事や人間関係、あらゆる環境の中でいろいろな壁《かべ》にぶつかるものです。

子どもは学校を卒業して、いざ社会の大海原《おおうなばら》に出たら、厳しい社会が待っています。それまで、きれいな真水《まみず》で優しく育てられた経験しかない子どもは、海水に放たれると、きっとその強い刺激や濁《にご》りに耐えられないでしょう。

昔の学校には、顔を見るだけでも怖《こわ》いような先生がいました。クラスには、必ず大威張りするガキ大将がいました。近所の家には、悪いことをすると叱ってくれるカミナリ親父《おやじ》がいました。小さい頃に、そういう厳しい存在と向き合うことで、社会や人間関係を学び、たくましく生きていく力を自然に身につけていったのだと思います。

もちろん、**厳しいことだけがいいとは限りません。優しさと厳しさ、ゆとりとスピード、ほめることと叱ること、すべてバランスが大事**だと思います。

現在、就職できない若者が増えていますが、先に述べたような「大人が子どもを育てる過程」と大きな関係があると思っています。これからの将来の日本を担《にな》っていくのは、小さな子どもたち、そして若者です。

２０１１年には、東日本大震災という未曾有《みぞう》の大災害がありました。復興需要もあるとはいえ依然、若者たちの雇用状況は厳しいものがあります。

この苦難を日本人全員が背負いながら、困難な時代を生き抜いていかなければなりません。

若者自身だけではなく、私たち大人ももう一度考え直すべきときがきたのだと思います。

困難こそ、チャンスです。

第2章
ぬるま湯社会から脱出しよう！

◉親子でぬるま湯に浸かっていませんか？

1990年代に、「ファジー（英語：fuzzy）」という言葉が流行《はや》ったのを覚えている方も多いでしょう。

当時、人間の思考や行動にある「あいまいさ＝ファジー」を取り入れた、便利な家電製品がたくさん登場しました。

例えば洗濯機では、ファジーボタンを押すと、自動的に衣類の素材を判別し、その素材や汚《よご》れ具合に合ったちょうどいい感じのコースで洗濯するというものがありました。炊飯量と温度を検知しておいしく炊《た》くことができる、お利口な炊飯器なんていうのもありましたね。

ファジーという言葉は、柔軟性に富み、境界が明確でないことを意味し、イエス・ノーをはっきり伝えない日本人特有の「まあ、適当でいいだろう」という感覚にぴったりと収《おさ》まる言葉だと思います。

今、ファジーという言葉はほとんど使われなくなっていますが、つい最近まで国の教育方針として打ち出してきた「ゆとり教育」にも相通じるものがあると、私は感じています。

競争や優劣をつけない優しい社会、「おしなべて適当に」を指導要綱で表わした「ゆとり教育」を筆頭にしたぬるま湯的な風潮は、現在なお続いているのだと思います。いや、むしろ**今の日本こそ、あいまいでちょうどいい加減のぬるま湯に浸《つ》かり過ぎなのではないでしょうか？**

さてここで、みなさんに「ぬるま湯チェック」をしていただきたいと思います。

中高生のみなさん、これから就職戦線に挑《いど》む若者のみなさん、もしくは、お子さんを持つ親御さんはぜひ認識をチェックしてみてください。

●ぬるま湯チェック
～子どもの自己実現度、就職や将来への意識がわかる！～

次の項目のうち、自分の考えに当てはまるものをチェックしてください。

【お子さん】

□将来の目標はないが、どこでもいいので大学を出ておけば、なんとかなるさ
□猛勉強してレベルの高い高校、大学を出るつもりだから、将来自分は困らないだろう
□国内で英語を使わない会社に就《つ》くから、英語を勉強しなくてもいい
□海外留学をしたら、日本での大学進学や就職に困ると思う
□出世しなくても、これまでの安定した生活ができればいい

【ご両親、ご家族】

□今の日本は景気が悪いけど、近い将来きっとまたよくなるだろう
□海外なんて危険なところに子どもを行かせたくない
□かわいいわが子を手元から放さず、一緒に住んでいたい
□国や学校がなんとかしてくれなきゃ、私たち個人が頑張っても無力だと思う
□子どものことが心配で、ついつい助け船を出し、口出ししてしまう

（解説）

チェックが多ければ多いほど、ぬるま湯社会に浸かっている、もしくはお子さんの将来が危ない可能性があります。

「なんとかなるさ」という楽観的な考え方や、「環境がよくならなければダメだ」という他力本願の考え方では、この先一人で厳しい社会を生きていかなければならない子どもたちは、きっと大きな壁《かべ》にぶつかるはずです。その前に、今からでも意識改革を始めましょう。

チェックが少ない方、または一つもないという方は、おめでとうございます！　次の行

動に移すチャンスのときです。将来の目標に一歩近づけるよう、新たな挑戦を始めてください。

親御さんの場合は、子の自立、親の子離れを一層促進し、たくましく育つ子どもの成長を応援し、見守ってゆきましょう。

◉トモダチ親子、トモダチ先生

ここで、ちょっと「家庭」と「学校」の話にスポットを当てたいと思います。

先ほどのファジーブームと同じ、1990年代以降、まるで姉妹のように仲良しな「トモダチ親子」が急増しました。お洒落《しゃれ》なファッションに身を包み、洋服を貸し借りできるような身近な関係であったり、どんな悩みも気軽に相談できるようなトモダチ感覚の関係であったり……。現在でも、街を歩いていると、年齢が近くに見えるかわいらしい親子がショッピングしているのをよく見かけます。

少子化の時代になって、親と子どもの距離が近くなったということだと思いますが、子だくさんの時代、親が絶対的な存在の時代には、とうていあり得ないことだったと思います。

小・中・高生を対象にした、ベネッセ教育研究開発センターによる調査では、「自分自身や人間関係、地域、社会などに対する満足度が向上しているか？」という質問に対し、次のような結果が出ました。

●友だちや家族との関係…約80％が満足（２００４年度では約77％）
●自分が住んでいる地域…約80％が満足（２００４年度では約70％）
●学校の先生との関係…約70％が満足（２００４年度では約65％）
●自分の性格…約30～55％の幅で満足（２００４年度では約35～48％）
●今の日本の社会…約30％が満足（２００４年度では約22～33％）
（出典：ベネッセ教育研究開発センター　第２回子ども生活実態基本調査　２０１０年）

「自分の性格」「今の日本の社会」の項目は、満足度が全体的に少ないものの、２００４年よりやや増加の傾向にあります。

この結果を見る限りでは、日常生活に満足し、あまり将来への危機感を感じていないように思えます。

また、「親との関係」についての詳しい調査では、次のような結果になりました。

- 勉強を教えてくれる…小学生約70％、中学生約40％、高校生約16％
- 困ったときに相談に乗ってくれる…小学生約70％、中学生約50％、高校生約40％
- 何でもすぐ口出しする…小学生約20％、中学生約35％、高校生約30％
- 考えを押しつける…小学生約10％、中学生約20％、高校生約20％

（出典：ベネッセ教育研究開発センター　第2回子ども生活実態基本調査　２０１０年）

小・中・高生とも、「勉強を教えてくれる」「困ったときに相談に乗ってくれる」など、肯定的な親子の関わりが増加しています。一方で、「何でもすぐ口出しする」や「考えを押しつける」などの否定的な関わりは減少しています。

ここでは、明らかにトモダチ親子の傾向が見られます。やはり親は厳しい存在ではなく、身近で親しみのある横並びの関係になっているように思います。

ところで、私の家庭環境の厳しさは先に書いた通りですが、あんなに厳しかった母自身も、実は小学生の頃、父親を亡《な》くしてとても辛《つら》い体験をしたそうです。戦時中、4人きょうだいの2番目に生まれ、早くに父を亡くしたことで生活は貧しく、みんなが早く自立しようと、苦しい生活の中でたくましく育っていったのだと思います。おそらく、社会の厳しさを身に沁《し》みて感じていたからこそ、私にはあえて距離をおいて厳しく接してくれていたのでしょう。

それでは、学校教育での厳しさはどうかというと、昔は先生が体罰として、生徒に校庭を走らせたり、廊下《ろうか》に立たせたりということがよくありました。現在は、そういった体罰やルールの厳しさが少ない学校教育が一般的で、社会問題化することさえあるのは、ご存知の通りです。

アニメ『ドラえもん』の中で、のび太くんがバケツを持って廊下に立たされる場面が有名ですが、あの光景は今の子どもたちにはきっとピンとこないのでしょうね。

学校での厳しさといえば、私には学校給食での大変苦い思い出があります。

私は小さい頃から、「生のたまねぎ」が嫌いで嫌いで仕方ありませんでした。あのシャキシャキ、ツーンとしたやつです。口にすると、吐《は》き気《け》がしました。

よく給食のマカロニサラダやポテトサラダの中に入っていたんですが、いつも先生から「絶対残してはいけない」と言われていました。

毎月、献立表が配られるとサラダの出る日がわかって、その日がくるのが苦痛でたまりませんでした。その地獄の日には、アルマイト製の器《うつわ》にはりついた生のたまねぎとにらめっこしながら、放課後までずっと教室に残っていたことをよく覚えています。

昼休み後のそうじの時間には、周りのみんなが机にイスを上げて移動するので、ほこりが舞ってきます。そうじをする友人に急《せ》かされながら、たまねぎが残る食器を目の前に、机とイスと一緒に前後へ移動したものです。今思い出すと本当に切ない思い出でしたね(涙)。

結局、帰りの会が終わっても、私が最後まで食べられないので、先生に「しょうがないから、もういいよ」と言われ夕方、給食室まで持って行きました。そんな日が月2回くらいあったでしょうか。

あとで小学校時代の友人に聞いてみると、「そんなの、ティッシュにくるんで捨てればよかったのに」とか「なんで頭を使わなかったの？」と笑われる始末です。まぁ、まじめだったんでしょうね。当時は、悪知恵が働いてくれませんでした。たまねぎだけに、涙なしでは語れない私の過去です（笑）。

しかし、それほど昔の学校には守らなければならないルールや、絶対的な先生の権威というものがありました。社会や世の中というのは厳しいのだということを、学校生活の中で教えてくれていたのだと思います。

給食の思い出

今では、何かトラブルがあると、すぐに親が学校へ怒鳴《どな》り込むような時代です。

先生はそれを恐れて、生徒にトモダチのような親しさで接しています。また、先生へのタメ口も普通のことのようです。

生徒が間違ったことをしたら当然、注意すべきことだと思いますし、ある程度先生も生徒に対しては、強さや厳しさを持って接することが必要だと私は思います。

トモダチ親子やトモダチ先生は、一見して、とても仲良しで理想の関係に見えるかもしれませんが、子どもが成長して社会に出たとき、周囲との人間関係はどうでしょうか？

今では、会社でも上司が部下に気を遣う時代になったとも言われますが、それでもまだ会社の上司は、仲良しのトモダチではいてくれません。会社の仲間は、競争社会の中での手強《てごわ》いライバルです。会社の取引先からは、時にシビアな要求をされたり、厳しい仕打ちを受けたりすることもあるでしょう。

会社で自分の持てる力を最大限に発揮し、貢献し、評価されるためには、生ぬるい感覚のままではとても太刀打《たちう》ちできないのです。

これまで、家庭や学校でぬくぬくと育てられていた子どもは、社会に出て初めて、水平関係ではない厳しい上下関係というものにさらされるのです。みんなで手をつないで仲良くゴール、という世の中ではないのです。

トモダチ親子、トモダチ先生の環境で育った若者は、そういう免疫力《めんえきりょく》がないため、戸惑《とまど》いや絶望感を味わいます。すぐに会社を辞《や》めてしまったり、うつ病や自殺にまで追い込まれたりする人もいます。

若者のニートが増えてしまったのも、横並び社会の背景が原因といえるでしょう。

◉反抗期は親と子のきずなを深めるチャンス

親と子どもの関係では、誰でも通過する「反抗期」という時期があります。ただ、前述のようなトモダチ親子の場合では、いつも仲良く肯定的に接しているため、子どもが自分の思いや葛藤《かっとう》を親に感情的にぶつけるということができにくくなっているような気がします。いわゆる反抗期の態度が現われにくいのかもしれません。

しかし、反抗期は人間が成長する過程において、とても重要な節目《ふしめ》です。子どもに自我が芽生《めば》え「自分とは何か？」ということを自問自答しながら「自己」を形成していく大切なときなのです。

まず最初に訪れるのが、２歳～４歳頃の幼児期。自分の身体を自由に動かすことができ、自分の意志を主張するようになります。親の世話や干渉から離れようとする、身体的な自立時期といえます。

2度目の反抗期の多くは、12歳から15歳頃に訪れます。子どもが思春期を迎え、自分探しを始める時期です。身体的にも子どもから大人に成長していく時期で、自己意識が急激に高まり、親だけではなく学校の先生などにも、攻撃的な言動や態度で反抗するといわれます。

いわば、身体面と共に精神面でも自立を主張していく、大人への大事なステップです。その後、必ず自分で振り返り、自分で納得いくような価値観や生き方を発見できるようになり、反抗期はいつの間にか終わっていくものです。

実は、我が家にもつい最近まで反抗期真っただ中の子どもがいました。我が家には大学1年の娘と高校1年の息子がいますが、下の長男・健太郎がその本人。「なんで親父は、いつも僕を自分の思う通りにしなきゃ気が済まないんだよ！」とか、「小さい頃からいい子にしてきたんだから、もう限界だ」とか、口ゲンカが絶えませんでした。

昔は、私が叱って半日で謝《あやま》ってきたのが、最近では2日経《た》っても3日経っても謝ってこなかったり、ずっと口をきかない日が続いたりということもありました。

ケンカの内容は、同じ注意を何回言っても聞かなかったり、部屋が散らかっていつまでも片付けをしなかったりと日常のささいなことばかりです。

私が何度も注意すると、すぐ口応えをしてきます。でも、私はあきらめないで、ちゃんと向き合って徹底的に何時間かけてでも言い続けます。それが親の愛情だと思うからです。

徹底的に話をすることで、息子の考えにも一理あってこちらも反省することが出てきたり、彼も私の言うことに納得したりで、「じゃあこうしよう」というしめくくりができることも多くなります。

最近、学習塾の生徒の親からこんな相談を受けました。

「うちの子、言うことを何も聞いてくれないんです。反抗期だからしょうがないですよね。もう、放って置いてるんです」という話でした。

気持ちはよくわかりますが、少し残念でした。

どうも最近、「反抗期だから仕方がない、あきらめよう」という傾向があるように思えます。「反抗期」という言葉が、大人の都合のいい逃げ場になっているような気がしてなりません。

私は、反抗期こそ、親がちゃんと叱れるよいチャンスだと思っています。確かに反抗期は、普段の5倍も10倍もエネルギーが必要ですが、やっぱりちゃんと向き合わなくてはいけないのです。

正しいことは正しい、間違っていることは間違っていると、大人の私たちがちゃんと伝えなければいけません。ただヒステリックに怒るのではなく、どうして間違っているのか、なぜダメなのかを、何時間かけてでも何日かけてでも、徹底的に伝えます。

どちらも言うべきことがあれば、徹底的に言い合い、解決すべきことは一緒に解決する。最後まで、ちゃんと闘うべきだと思います。

これをないがしろにすると、大人になって社会に出たとき、自分の意見をしっかり言えなかったり、感情をうまくコントロールできなかったりと、人間関係で問題が起きることもあるでしょう。家庭でできないことは、社会に出てもうまく対応できるはずがありません。

私は、長い間たまった感情やストレスをうまく出せない環境、表面的な親子関係、友だち関係は、大事な「反抗期」を抑え込んでしまう可能性があると思います。反抗期は、大切な成長過程の証《あかし》。むしろ、自然な子どもの成長の姿なのだとゆったりととらえて、子どもに真摯《しんし》に接するのが親の役目だと思います。だからこそ、反抗期を恐れずに、親子がちゃんと向き合うことが大切なのです。

子どもというのは、本能的に親を嫌いになれない生き物だと思います。私自身、両親がどんなに厳しくても、もちろん嫌いにはなれませんでした。だから、自信を持って思い切り叱ってもいいのです。誠意と情熱を持って、しっかりほめてしっかり叱れば、きっと子どもに思いは通じます。そして、その過程で、子も学び、親も学び、成長してゆくのです。

そうした中から、子どもの「心の声」も聞こえてくるかもしれません。

◉子どものやる気ポイントを見つけよう

子どもの反抗期も重要なステップですが、子どもの「個性」や「才能」を引き出すことも、私たち大人の大切な役割だと思います。

私は中学生の頃、陸上部に所属していましたが、毎日ハードな練習に追われ、部活が終わったと思ったら高校受験勉強の毎日。自分の時間がもっとあればいいなぁと思うことがありました。とにかく、いろんなところへ旅に出かけたいと思っていたからです。

そんなことから、高校生のときには写真部に所属し、週末は日本中のあちこちを旅しながら撮影しました。念願だったささやかな夢は、少しずつ実現していったのです。お年玉やお小遣いから貯《た》めたものを元手に、1人で各地のユースホステルを転々とした楽しい思い出もたくさんあります。私の親は当時、そんな私を心配していたかもしれませんが、何も言わずに送り出してくれたことは、本当にありがたいことだと思っています。

昨年の東日本大震災のあと、被災地にある学習塾の先生から、こんな話を聞きました。

「震災のとき、塾ではいつも勉強ができない、どちらかと言えば問題を多く抱えた生徒が率先《そっせん》して避難所のそうじや炊《た》き出《だ》しを手伝っていて、とても感心しました。子どもって、それぞれ活躍する環境や場を与えられれば、力を発揮することができるんですね。私も周りも、その子を見る目が１８０度変わったといっても過言ではありません」

震災という厳しい苦難がなければ、その子どもは活躍する場が得られなかったかもしれません。いつも勉強ができなくて悔しい思いをしていても、今回のことで人のために役立つことの喜びを感じることができたと思います。その糧《かて》が、次への一歩にきっとつながるはずです。

子どものやる気ポイントを見つけたら、大人はそれをどんどん応援して、伸ばしていきましょう。どんなに小さなことでも大丈夫です。

また、それを見つけられる時期は人それぞれ違うと思いますが、子ども一人ひとりに、素晴らしい能力や才能が開花するチャンスはあるので、あせらずじっくりと様子を見てみましょう。そう、宝探しをするようなワクワクした気分で。

まずは、**子どもに一つでも多くの普段とは違う体験をさせること。さまざまな機会を与えることが大切です。**親や社会は、子どもたちにそうした機会の提供を常に心がけるべきだと思います。

◉子どもは社会みんなが一緒に育てるもの

いつからか、近所の人とすれ違っても、あいさつしない子どもが増えたということをよく耳にするようになりました。

家族の間でも「おはよう」や「ありがとう」の言葉を言えない、なんてことも時々聞きます。

子どもの頃、ご飯の準備をして食卓の前に座ると、最後に父親が座って「いただきます」と言うまでは、じっと待っていたものです。もし、親が先に座って、「いただきます」も言わずにそそくさ食べ始めたら、きっと、子どもも同じように黙って食べるのではないでしょうか？

子どもは、無意識に大人の真似《まね》をするものです。とくに、幼い頃に体験したことがずっと大人になっても記憶に残り、生活習慣として現われるものだと思います。

箸《はし》の持ち方、玄関での靴《くつ》のそろえ方、電話での応対、初対面の人に会ったときのあいさつの仕方などなど……。

もちろん家庭だけではなく、学校、近所、会社など社会全体にいる大人が、子どものお手本と言っても過言ではありません。


先の、近所の人とすれ違ってもあいさつをしない、家の中でも感謝の言葉を言えないのは、親がそうしていることも少なからず影響しているはずです。


先日、私の営む学習塾で、生徒の親御さんからこんな話を聞きました。

「学校の日記で、うちの子どもが塾の授業のことを書いたんです。『塾の先生の説明がとてもわかりやすくて、問題が解《と》けてよかったです』と。そしたら、その先生の返事がなんて書いてあったと思います？　『そんなに学校の先生の説明がわからないですか？』と書いてあったので、ちょっとびっくりしました」

私も実際にその日記を見せてもらいましたが、まったくその通り、テストの採点に使うあのピンク色のソフトペンで強く書いてありました。唖然《あぜん》とすると共に怒りを覚えました。

生徒が苦手な問題を解けるようになったり、学習への理解が深まったりしたことは、先生にとって純粋にうれしいことではないのでしょうか?

それをほめてあげるのではなく、先生自身のプライドを押し付けるかのような挑発的な言葉。

小さな子どもにかけてあげる言葉として、私は納得できませんでした。生徒は日記を見て、どう感じたことでしょう?

もちろん、学校教育の中で教師の教えたことが100%理解してもらえるということは理想だと思います。しかし、子どもの学習力や理解度は千差万別。それぞれ納得するポイントや、理解するタイミングが違うはずです。学校は学校、学習塾は学習塾、家庭は家庭と、線引きするような感覚がそもそも間違っているのではないかと思うのです。

私は、**社会全体で子どもを伸び伸びと、そして、時には厳しく、しっかりほめて、思い**

やりを持ちながら育てていく意識が必要だと思っています。そう、私たち大人がみんな先生だと思います。

怖《こわ》いカミナリ親父が、たくさん増えたっていいじゃないですか。それによって、たくましい子どもが増えていくことは大歓迎です。

もちろん、この私もカミナリ親父になりますよ！

◉いろんな冒険で心の抵抗力をつける

私は、子どもが小さい頃はとにかくいろいろな場所で、いろいろな経験をさせることが大事だと思っています。なぜならば、今のぬくぬくとした過ごしやすい家庭、叱られない学校、厳しさの少ない社会では、子どもたちに「厳しさ」を体験させる機会があまりにも少ないと感じているからです。

その中で一番効果があると思ったのは、「親元から離す」ということです。

かわいい子どもを手元に置いておきたい気持ちはわかりますが、離れてみて気づくこともあるでしょう。「他人の釜《かま》の飯《めし》を食う」ということは、どんな勉強にもかえがたい大きな異文化体験です。そこには非常に多くの学びがあります。

学校で行なわれる宿泊訓練もその一つです。家庭を離れ、集団で合宿生活を行なうことは、子どもたちにとって非日常で自由のきかない体験を味わうことになります。しかし、家を離れることで親のありがたみがわかったり、仲間と寝食共にすることで他人との違いを発見したりと、そこで得られる実りも大きいはずです。

違った環境に一歩飛び出すことが身軽にできれば、きっと子どもにとっては楽しく、学びの多い冒険になるでしょう。

私は、小さい頃からいろんなところへ出かけるのが好きだったので、違う世界に行くというのにはまったく抵抗がありませんでした。自分の子どもたちも、できるだけいろいろな場所へ連れていってあげるようにしていました。

あるとき、新聞で北海道でのいわゆる「山村留学」の小さな記事を見つけました。北海道の南西部にある太櫓《ふとろ》小学校というところで、毎年10名ほど全国から海浜《かいひん》留学（太櫓は海沿いにあるのでこう呼ぶ）生を募集しているという内容でした。私は、興味を惹《ひ》かれてすぐに問い合わせをし、同じ年の12月には下見がてら、息子の健太郎（当時小３）と北海道へ出かけました。スキーや釣《つ》りもできるとあって、健太郎は大喜びでついて来ました。

ところが、いざ行ってみると、そこは初冬の北海道。ちょうど寒波がきていて、大吹雪《おおふぶき》でした。日本海の荒波を目の前に、寒風吹きつける海際の太櫓小学校へ向かったのです。校長先生にも温かく迎えられ、体験授業を２時間ほど受けさせていただきました。地元の生徒を入れて総勢20名ほどの、とても小さな学校でした。

私は、不登校や問題のある児童ばかりを受け入れている学校かとちょっと心配していましたが、まったくそういうわけではなく、安心しました。全国からいろいろな子どもが来ていて、入学後に環境がとても気に入って、両親まで一緒に移住してしまったケースもあるそうです。

とは言え、下見に行ったものの、とにかく寒いし薄暗いしで子どももこんなところじゃ嫌だろうなぁと思っていたんですが、なんと健太郎は「ここ来る！」と元気に言い放ったんです。きっと、何か楽しそうだなと感じたのでしょう。

北海道の下見が終了し、元気いっぱいに帰宅した息子。学校からいただいた年間行事のビデオを、母親と姉の春佳（当時小5）に自慢気に見せると、今度はなんと春佳までも「私も行きたい！」と言い出したんです。これには夫婦共々びっくりしました。だって、いきなり子どもが全員家を離れることになるんですからね。

いざ留学がスタートすると、やはり、子どもにも親にもいろいろな苦難が待ち構えていました。現地では、里親の吉田さんの家で子どもを預かってもらっていましたが、そこでの生活は、ある意味とても厳しいものでした。

子どもたちも私たち夫婦も、吉田家のルールに従わなければなりません。子どもと連絡が取れるのは、月にたったの1回。携帯電話もインターネットも使えない環境でした。毎月第4日曜日の夜7時がくるのを、親も子も本当に待ち遠しく、楽しみに待ったものです。最初のうちは、子どもも自宅が恋しかったようですが、次第に生活に慣《な》れていったようで、電話で話す声もだんだんと楽しそうになっていきました。

太櫓小学校では、大自然に恵まれた環境の中、海や山での活動、魚さばき体験や地元料理体験、もちろんスキーも経験しました。学校、そして、学区内のさまざまな方々のご協力により、地域全体で子どもたちが海浜留学を楽しめるように工夫をしていただき、親としても大変ありがたく思ったものです。

実は、里親の吉田さんには、私たち大人もいっぱい叱られ、学ぶことがありました。子どもに電話で「本がほしい」と言われたので、待ってましたとばかりに、早速いろいろと見繕《みつくろ》って宅配便で送ってあげたら、吉田さんから電話がきました。「本は必要ありません。図書館にいくらでもあるんだから。もう2度と送らないで！」と、一喝《いっかつ》。そのあまりの厳しさにびっくりしました。

海浜留学

また、「2人とも部屋の片づけはできないし、忘れ物ばかりで、困ってるんだ」と言われたこともありました。私たち夫婦はそんな問題の多い子どもたちと思っていなかっただけに、大いに反省したものです。

留学してから3か月が経《た》った6月、最初に子どもに会いに行ったときのことです。吉田家の玄関を開《あ》けて「こんにちは」と言うと、吉田さんが出迎えてくれましたが、その直後、「おーい！　春佳、健太郎！　お父さんたちが来たよ」と呼ぶんです。

私たち夫婦は「春佳ちゃん、健太郎くん！」って呼ぶのだと勝手に想像していたので、ここでもびっくりさせられました。

でも、その言葉を聞き、くんづけ、ちゃんづけでは1年もの長きに渡り、とても親の役は務《つと》まらないんだ、人様の子どもを預かるということはこういうことなんだと、つくづく実感させられました。さらに、何年にも渡って、代わる代わる全国からやってくる子どもたちの親代わりを務める吉田さんご夫婦のご苦労も垣間見《かいまみ》えました。

そして、長い1年の北海道留学が無事終わりました。

1年間、太櫓小学校や太櫓地域のみなさまには本当によくしていただき、子も親も多くのことを学んだ海浜留学でした。しかし、親元を離れて過ごすストレスで、春佳は少しばかりチックの症状が出たり、健太郎にもいくつかのストレス症状が出たりしたのも、その大変さを物語る出来事でした。

子どもたちにとっては、大変な移住生活だったかもしれません。でも、きっとそのときにしか味わえない貴重な宝物となったでしょう。何より、小学生が家を離れて1年間暮らすということで、違う価値観や生活習慣を体験し、忍耐力や持久力、創造力も養われたはずです。

子どもと将来の話をしていたときのこと。

「おまえたちはこれからどうやって生きていくんだ？　社会はそんなに生やさしくないぞ」と言うと、「北海道で1年頑張ってきたんだから、なんとかやっていけるよ！」と、答えが返ってきました。

我ながら頼もしいなぁと思ったのです。子どもたちの心の支えや自信につながっているのだと確信し、本当に留学させてよかったと思いました。

あれから数年経った今なお、太櫓《ふとろ》で出会った子どもの友だちやご両親とは、連絡を取っています。

里親の吉田さんには、遠い親戚《しんせき》のように静岡のみかんが採《と》れれば送り、逆に北海道のおいしいものを送っていただいたり、また、毎年のように北海道へ遊びに出かけています。

ありがたいことに、吉田さんには子どもたちのことを今でも本当にかわいがっていただいています。子どもたちにとっては、自分の親が4人いるような感覚でしょう。

私は、子どもが小さなうちであればあるほど、家庭や学校から飛び出していろいろな場所に行かせることをお勧《すす》めします。

自分の住む世界を超えた場所で、さまざまな体験をさせることによって、子どもの心に余裕ができ、たくましい「心の抵抗力」を育てることができるのだと思います。

それには、**親が子どもを信じる心、また、子どもを手元から解放させる勇気が必要と言えるでしょう。**

さて、この章の冒頭に「ぬるま湯チェック」がありましたが、みなさんの結果はいかがでしたでしょうか?

もし親子そろってぬるま湯に浸《つ》かっているようなら、まだ遅くはありません!

意識をほんのちょっと変えて、子どもの人生デザインの幅、可能性をもう少し広げてみましょう。

第3章

内向きな若者は就職に不利？

◉デジタル世代の若者と内向き志向

このところ、若者を象徴するような「草食男子」、「肉食女子」などのユニークな流行語が話題になります。

２０１１年には、「クリーム系男子」なる言葉も生まれました。外見は甘く、中身はしっかり、優しいけれど時に厳しいことも言ってくれる、新時代の癒《いや》し系のようです。ひと昔前の、外見も中身もたくましく女性をリードしてくれる男性は、どんどん影をひそめているのでしょうか。

長引く不況の影響で、節約ムードや安定志向が高まる中、求められる人間像も変わってきているのでしょう。

また最近、日本では「若者の内向き志向」という言葉がメディアで多く採り上げられるようになりました。

内向き志向とは、日本人の若者が海外で働くことや留学することを望まなくなってきている傾向を指すものです。それが将来の日本経済に悪影響を及ぼすのではないか、という説もあります。賛否両論叫ばれていますが、私はこれを前向きな警鐘《けいしょう》ととらえたいと考えています。

これは若者の考え方が急に変わったというわけではなく、内向き志向は若者を取り巻く環境や社会が変化していることの現われだと思っています。

第２章で述べてきた、競争意識の少ない教育や弱者に優しくするようなぬるま湯社会の風潮が、それをより助長させているのでしょう。

さらに、コミュニケーションの変化も、一つの原因になっていると私は考えています。

電話一つをとってみても、この20年で大きな変貌《へんぼう》を遂《と》げました。

１９９０年代初めには、家庭内で自由に持ち歩けるコードレス電話が普及しました。核家族化、少子化が進み、個室にいる子どもが自由に電話を掛けることができるようになったのです。つまり、親が知らない子どもの友人関係ができていきました。

私の子どもの頃は、電話が一家に1台という時代で、友だちに電話するにしても、好きな子に電話するにしても、話が家族に筒抜け状態でした。電話を掛けるだけでもハードルがあって、1回で好きな子が電話に出ればいいですが、親が出たらどうしようかとドキドキ緊張したものです。

電話を掛ける時間帯にも気を遣ったり、長電話できるようにと親の留守の間を狙ったりと（笑）、なかなかもどかしいものがありました。それを考えると、今はプライバシーも守られ、ずいぶんと便利な時代になったと思います。

1996年以降は、携帯電話の出現により、コミュニケーションの手段は一気に変わりました。今では、小学生も携帯電話を持つ時代ですから。

携帯電話といえば、ある日、こんな場面がありました。

私がレストランで昼食を食べているとき、隣の席にお母さんと高校生くらいの女の子を見かけたんです。絵に描《か》いたような仲良しのトモダチ親子という感じで、見た目も洋服の雰囲気も似ていて、楽しそうに話していました。

ご飯を食べてしばらくすると、お母さんが少しの間、席を立ちました。女の子は即座にバッグから携帯電話を取り出し、メールを慣《な》れた手つきで打ち始めました。たった3分くらいの短い間でしたが、お母さんが戻ってくると、すぐに携帯電話をバッグにしまい、何事もないような顔をしていました。

おそらく友だちにメールしていただけだと思いますが、こういう光景を見ると、なんだかちょっと淋《さび》しい気持ちがします。

最近の子どもは、友だちからメールがきたあと、５分以内に返信をしないと友だち関係が壊《こわ》れやすいという話を聞いたことがあります。

すぐに返信しないことで、相手に嫌われてしまうんじゃないか、仲間はずれにされてしまうんじゃないか、という不安がうかがえます。子どもは自分が孤独になるのが怖くて、メールで必死に友だち関係をつないでいるような気がします。

わずかなすき間ですぐにメールをチェックしようとする行動は、デジタル世代の新しい病《やまい》ではないかという気にもなってしまいます。

また、携帯メールだけではなく、インターネットやゲームの普及も若者に大きな影響を与えているといえるでしょう。

メールやインターネットで、いつでも自由にコミュニケーションを取れるので、そこで人との「つながり」を感じて、**わざわざ外に出なくても、つながっているつもりになっているのではないでしょうか。**

ミクシィやツイッター、フェイスブックなどのソーシャル・ネットワーキング・システムの普及も然《しか》り、手軽に人とつながる楽しさを共有できてしまうところは、人間が本来持っている「自分の足で歩く」という能力を削《そ》いでしまっているのかもしれません。

さらに、アウトドアではなくインドア傾向になるということは、視野も狭《せば》まる危険性があると思います。若者ならではの好奇心や冒険心、フットワークのよさなど、**本来外へ向いていく力が気づかぬうちに衰《おとろ》えてしまっているとしたら、とても嘆《なげ》かわしいことです。**

もちろん、携帯電話やインターネットの普及は日本に限ったことではありません。例えば、遠く離れたアフリカでも、急速に携帯電話の普及が広がっているそうです。

私たちは、発展していく文化や文明を過去へ巻き戻すことはできません。

この便利なデジタル・ネットワークをもうまく活用して、さらに外の世界、さらに新しい世界へ飛び出すかどうかは、やはり個人個人の意識の問題にかかっているといえます。

そして私たち大人も、もう一度、便利な世の中でのコミュニケーションを見直さなければいけないでしょう。

◉「安心、安全、安定」だけでよいか？

さて、内向きといわれる子どもや若者たちの将来像はどうなっているのでしょうか？

ベネッセ教育研究開発センターによる調査（小学四年生〜高校二年生までを対象）では、「40歳くらいになったとき、どんなことをしているか？」の質問に対し、次のような結果が出ました。

- 親を大切にしている…約80％
- 幸せになっている…約80％
- 子どもを育てている…約60〜70％
- 自由にのんびり暮らしている…約60〜70％
- 多くの人の役に立っている…約30％
- お金持ちになっている…約20％

●有名になっている…約10％
●世界で活躍している…約10％
（出典：ベネッセ教育研究開発センター　第2回子ども生活実態基本調査　２０１０年）

この調査から、身近で現実的な将来をイメージする子どもが約60〜80％程度いることがわかります。また、「お金持ちになっている」や「有名になっている」、「世界で活躍している」の割合はかなり低いので、貪欲《どんよく》なチャレンジ精神が乏《とぼ》しく、ここからも内向き傾向が見受けられます。

次に、２０１２年に全国で新成人になった男女へのアンケートでは、以下のような結果が出ています。

●日本の未来について、「暗いと思う」…約80％、「明るいと思う」…約20％
●私たちの世代が「日本を変えてゆきたい」…約80％
●「政治」「経済」に関心あり…約70％超
●関心がある経済問題は「若者の就職率の低さ」…最多の63％

●希望する職業…1位「公務員」、2位「技術系の会社員」
●国民年金を「将来、自分がもらえるか不安」…約90％
（出典：株式会社マクロミル・インターネット調査「2012年　新成人に関する調査」）

「日本の未来が暗い」という意見が多いのは、昨年の東日本大震災の影響もあるとは思いますが、若者のほとんどが不安に感じているというのは、今の日本社会にかなり問題があるのではと思ってしまいます。

それを受けて、「日本の未来を変えたい」という意識が高いのは大変素晴らしいことです。

回答の中には、医療制度の改革や年金制度の充実などの意見のほか、「このままいくと日本は先進国から遅れて、先進国じゃなくなる可能性もあります。もっと日本は世界をリードしてほしいです（女性）」や、「もっとグローバルにする。（中略）これからは小学生で英語は話せるくらいにして、中学生以降は第二外国語を学ぶぐらいにしなければいけないと思う（女性）」という前向きな意見もあったそうです。

私が注目すべきだと思ったのは、将来なりたい職業について、1位の「公務員」が約2割という結果の裏に、「わからない」と答えた人が実は約3割もいたということです。実際のところ、なりたい職業が具体的に「わからない」という答えが1位だったといえます。

小・中学生の段階でならまだ理解できますが、成人の若者が具体的なビジョンを持てないということに、今の複雑化した日本の姿が映し出されていると思います。そして、1位が「公務員」という結果は、日本の将来に不安を抱き、安定した職業を求める傾向で、これを「内向き」と言っても過言ではないでしょう。

ちなみに、私は小さい頃から高校2年生までは、医者になりたいと思っていました。しかし、どうしても「血」を見るのが嫌《いや》で（苦笑）、医療の道はあきらめてしまいました。その後、大学生だった20歳の頃は、職業としては明確に決めていなかったものの、尊敬する経営者のいる企業があり、そこで働きたいと考えていました。

この本を読んでくださっているみなさんは、成人の頃にどんな回答をしたでしょうか？

私は、世の中の若者すべてが「安心・安全・安定」を求めていったら、みんな同じ方向で平等を目指すようになり、成長に結びつかない社会になっていくのではないかと不安を覚えます。競争や冒険をしようとしない限り、どんどんぬるま湯状態が進んでいくでしょう。

温室でぬくぬくと育てられた見た目がきれいな野菜と、野生で伸び伸びと育った、いびつだけれど栄養のしっかりと詰《っ》まった味のいい野菜。どちらを選ぶかで、自分の成長も変わるはずです。

◉日本のガラパゴス化が加速している？

内向き志向の言葉と並行して、日本の「ガラパゴス化」という表現もよく聞かれるようになりました。

みなさんは、世界遺産に登録されているガラパゴス諸島をご存知でしょうか？

ガラパゴス諸島は、東太平洋上にあるエクアドル領の島。「ガラパゴス」とは、スペイン語でリクガメを指し、別名ゾウガメの島とも言われています。

赤道直下の諸島で、大小123もの島々が集まっています。

約500万年前、海底火山の隆起によって形成されたこの島は、ゾウガメ、イグアナやペンギンなど、ほかの大陸では見られない独自の進化を遂げた固有種の動物でよく知られています。

かの有名なダーウィンの『進化論』は、大陸の変化によって生物が適応し、進化していったという説で、まさにこのガラパゴス諸島を研究してたどり着いたものでした。

「ガラパゴス化」とは、閉ざされた範囲の中だけで独自の進化、発展を遂げていくこと。今、日本ではガラパゴス化が進んでいると心配されています。

日本は、携帯電話や家電など優れた製品技術を持ちながらも、このまま内向きで鎖国的な社会が進んでいくと、世界のニーズから取り残されていってしまう可能性があるのです。「モノ」だけではなく、「人」にも同じことが言えるでしょう。

2010年の文部科学省の調査では、海外に派遣《はけん》される国内の研究者がここ10年間に半分も減っていることがわかりました。2000年度のピーク時には7千674人で、20

10年度には3千739人になっています。

2010年にノーベル化学賞を受賞した根岸英一さん、鈴木章さんのお二人は、海外での切磋琢磨《せっさたくま》した経験が業績の原動力になったといわれています。これから優秀な日本人研究者が育っていくには、海外に出ていくことが必須条件になるでしょう。

さらに近年、海外へ行く日本人の留学生も減少しています。

アメリカ国際教育研究所の調査によれば、1980年代後半、バブル期の好景気を受けた時代から留学生の数は増えていき、2004年のピークを最後に毎年減少しています。

アメリカの大学へ行った留学生の推移のデータでは、2006年頃から中国、韓国の留学生が増えているのに対して、日本人留学生は急激に減少していることがわかります。

このあと、2010年〜2011年度には、さらに2万1290人にまで下がっています。日本は、約4万7千人が留学していたトップ時の97年と比べると半分以下に減っていて、ここにも日本人学生の「内向き志向」がはっきりと表われていると思います。

アメリカにおける留学生数の世界ランキングでは、1位が中国の約15万人、2位がインドの約10万人、3位が韓国の7万人という結果でした。中国が2年連続でトップとなり、日本は7位で、中国や韓国に大きく水をあけられています。トップの中国は全体の21％で、アメリカの留学生の5人に1人は中国人留学生という計算になっています。

（出典：株式会社ワークスジャパン　「グローバル宣言！」ホームページ　2011年12月1日付「アメリカの留学生に関する統計」）


では、中国、韓国での増加に対して、なぜ日本の留学生は減っているのでしょうか？

いくつかの要因が指摘されていますが、まず留学先の多様化が進み、アメリカへの留学生が減っていることがあります。さらに、少子化や若者の内向き傾向、大学生の就職活動時期の長期化、早期化なども考えられるようです。

ある日米教育関係のシンポジウムでは、「今の若者が日本の高度経済成長を経験していないから」というような指摘もありました。確かに、経済が縮小し衰退している世の中では、世界に出て新たな挑戦をしようという気持ちに向かないのかもしれません。


2010年に放送されたNHKの『ニュースウォッチ9』という番組の『シリーズ「日本再設計」』では、次のようなレポートがありました。

京都大学経済学部の黒澤隆文教授は、学生たちに留学を勧めてもまったく興味を示さないと言っています。その理由は、次のようなものでした。

●就職活動をしなければいけないから
●現状の生活に満足しているから
●外国に興味がない……など

記者の堀家春野さんは、「異質なものと交わろうとしない内向きな学生の一面を見た」と語っています。また、留学することは就職活動への足かせになるのではと考えている学生も多いようです。

一方、内向きの日本人とは対照的に、アジアの学生の間では留学熱が上がってきていることがよくわかります。

黒澤教授のゼミのＯＢである中国人の邱中元さんは、日本に留学中、京都大学の留学制度を利用してドイツへ留学しました。

邱さんは、「経済がグローバル化する中、海外の経験を活かして、自分の国だけでなくアジアの発展、世界経済の発展に貢献したい」と大志を抱いています。

このように、アジアの学生と日本の学生を比べると、明らかに温度差が見られます。世界的に同時不況が続く中で、アジアの若者はグローバル社会へと外向きになっているのに、日本人が内向きなのはなぜなのでしょうか?

私は、学校教育を含めて日本社会全体がまだまだぬるま湯に浸《つ》かっており、グローバル化への意識が足りないからだと思います。

中国をはじめ、韓国、インドなどでは、進みゆく国際化社会に向けて、借金をしてでも親が子どもを留学させているケースが多いそうです。中国は、2012年に優秀な学生を支援するための国費留学生の枠を、1万3000人から1万6000人に拡大するといわれています。

日本では、中国のように国が留学費用を支給するという制度も貧弱です。中国は、国を挙《あ》げて積極的にグローバル化を進めているため、若者も外向きになっているのだといえるでしょう。

「グローバル」、「国際化」という言葉を新聞や雑誌で頻繁《ひんぱん》に見かけるようになりました

が、島国の日本では、まだ遠い世界の言葉と感じたり、自分には関係ないと思っている人も多いかもしれません。

しかし、グローバル化の波は、世代を問わず将来、身近な生活にふりかかってくることは事実です。

他人事だと思わずに、もう少し意識を「世界に」向けてみてはいかがでしょうか？

●海外で働くことにも消極的な日本人

平成22年度の内閣府による世論調査では、日本人の海外で働くことへの関心の低さも浮き彫りになってきました。

「外国で働くことに関心はありますか？」という質問に対し、関心があると答えた人は約2割、関心がないと答えた人は約8割に達しています。

約8割もの日本人が海外での仕事に興味がないという結果からも、日本人の若者は全般的に内向きへ傾いていることがよくわかります。

また、男性より女性のほうが外国に関心が高いというのも、興味深いところです。女性にとって、結婚や将来の家庭像という観点からは、海外で働くということは現実的に考えにくいように感じますが、女性のほうが世界の動向や時代の空気に敏感になっているのだろうと思います。

昔から女性は、時代に合わせた柔軟な生き方をしてきたように感じます。戦時中は男性を陰で支え、終戦後の平和な時代になると、男女平等を叫び、自分の活躍の場を求めるキャリアウーマンが増えてきました。

女性は、よりよいパートナーを見つけて子孫を残していくという点で、強く生き抜くための方法を本能的に嗅《か》ぎ分けているのかもしれません。

年齢別の調査では、20代の若者で海外での仕事に関心ある者が約4割、次期リーダーの候補となる現役の30代は、さらに下回っています。この先の日本経済を担う30代の若者たちが内向き傾向というのは、大変残念に思います。

次に、「外国で働くことに関心がない理由はどのようなことですか?」という質問では、次のような結果が出ました。

●語学力には自信がない…約50％
●外国で生活することに不安を感じる…約50％
●家族や友人と離れたくない…約35％
●外国で働くために必要な情報を知らない…約30％
●体力に自信がない…約25％
●日本国内で働くほうが安定した収入が見込める…約20％
●子どもの教育、親の介護など家庭事情がある…約20％
●とくに理由はない、その他…約10％

（出典：平成22年度　内閣府「労働者の国際移動に関する世論調査」）

この結果を見ると、日本人はやはり語学力に自信がないということがよくわかります。これは、海外留学をしたいと思わない理由にもつながるのではと思います。「外国での生活に不安を感じる」、「家族や友人と離れたくない」など、内向きな考え方もちょっと気になるところです。

しかし、私はこの中でクリアできる課題もあると感じました。

「語学力に自信がない」、「外国で働くために必要な情報を知らない」、「体力に自信がない」などは、物理的または技術的な問題だと私は考えます。そして、物理的、技術的な問題は解決可能なこととも言えます。

語学力に関しては多方面でさまざまな議論がされていますが、例えば、日本の子どもたちに合った実用的な英語教育が実現することで、語学力という壁《かべ》が取り払われることを強く望みます。必ずしもネイティブの外国人による英語指導や海外での実体験が必要というわけではありません。いろいろと改善策はあるだろうと思います。

外国で働くための情報に関しては、国内でもっと発信できる場や情報交換できる場が増えてくれれば、きっと変わってくるでしょう。情報化社会の世の中ですから、便利なツールを使わない手はありません。

「体力に自信がない」については、先ほど述べてきたデジタル世代の若者ゆえの特徴なのかもしれません。近頃の子どもは体力が落ちてきたといわれていますが、学校や家庭、それぞれ個人の意識が変われば、体力を強化できる方法が必ずあるでしょう。

世界のどんな場所で生きていくにしても、誰でも体力がなければ生き抜いていくことはできません。自己実現のためにはもっとも基本的なことだと思います。だから、私は「体力に自信がない」ということを言い訳にしてはいけないと思うのです。

ちなみに、留学経験のある学生と、経験のない学生を対象にしたアンケートでは、留学経験ありで「海外勤務をしたい」、「許容できる」と答えた者は70・3％、留学経験なしでは36・5％という結果になっていることがわかりました。

（出典：２０１０年12月　レジェンダ・コーポレーション調査）

留学経験は、海外で働くことへの意欲に強く関係しているといえるでしょう。

私は、先ほどの物理的、そして技術的な不安が解消できれば、海外への関心が外向きに変わると信じています。

もし消極的な理由だけで自国にとどまっているとしたら、この広い世界の中、とてももったいないことだと思いませんか？

◉若者がピンチ！　激化するグローバル就職戦争

日本の学生の就職戦線にも、内向き傾向、グローバル化への影響がはっきりと現われてきました。

2008年、アメリカのリーマン・ショックをきっかけとした世界的金融危機のあと、長引く景気の悪化で、日本企業の雇用状況も厳しい状態が続いています。

非正規社員の需要が増える一方で、正社員の需要が減っているため、限られた採用枠にさらに応募が殺到しています。企業側としては、優秀な人材を確保したいので、採用予定人数内でも基準に達していない者は採用しないケースも増えているようです。

最近では、就職難民が増えたことで、大学卒業後に専門学校へ進学し、手に職をつけたら就職できるだろうと考える若者も増えてきました。

厳しい経済情勢や就職難の中、若者たちは内向きに、より安定を求める方向に向かっているようです。

いわゆる就職氷河期は２０００年前後にもありましたが、今訪れている氷河期はそのときとは「質」が違うと思います。バブル経済が弾《はじ》けたあとの氷河期は、日本の企業全体が単純にボリューム（人数）を必要としていないという表面的な要因だったと思います。今の時代は、雇用のボリュームも少ない上、さらに就職者への高い「質」が求められるようになりました。この、求められる「質」に多くの若者たちが応《こた》えられていないという本質的な課題が重要になってきます。

「少子化の時代のほうが就職しやすいのでは？」と思われる方もいるかもしれませんが、大学に進学する若者が増えたために、就職活動のライバルが急増したといわれています。そして、何よりも**このグローバル化が進む中で、日本に留学している外国人もそのライバルの一員となり、就職戦争が激化している**のです。ひと昔前では考えられなかったことです。

そういった外国人留学生向けの就職フェアーは、ここ2年ほど猛烈な勢いで拡大、成長し、企業の採用活動の一翼《いちよく》を担《にな》うようになってきています。

元気な外国人留学生

経済が急成長していた時代と違い、将来への見通しが立てづらいため、企業も厳しい条件の中、即戦力の優秀な人材を採用する傾向にあるのです。まるで、「もう日本の学生は要《い》らない」とでも言われているような厳しい状況とも言えるでしょう。

それでは、なぜこのような人材の「質」が求められるようになったのでしょうか？

まずはその前に、「質」に関して話しておきたいエピソードがあります。

それは、ある休日にホームセンターへ行ったときのこと。

私は日曜大工が好きで、よく部屋の模様替えや家具をつくったりするのですが、その日は棚《たな》を買いに行きました。

ちょうどよい組み立て式の棚があり、買おうかどうしようか迷っていたところ、近くに若い店員がいたので、「この棚、箱の中に脚《あし》のキャップが入ってますか？」と尋ねたんです。すると、店員はいきなり「私、組み立てたことがないのでわかりません」と言いました。

私は正直、面食らいました。普通だったら「ちょっと確認しますので、少々お待ちください」などと言いますよね？　見たところ、スーツも着ていて新卒の新入社員のような雰囲気。しかし、こんな接客対応のレベルで大丈夫か？　と心配になりました。

その後、店員はインカムで「品番〇〇〇の棚なんですが、これって脚ついてますか？　とりあえず来てもらえませんか？」とほかの店員に確認する始末（おいおい、自分で箱の中身を確認しないのかい？）。

その「とりあえず」のやりとりを聞いていて、私はがっかりしてしまいました。

近頃の若者は「とりあえず」という言葉を頻繁《ひんぱん》に使いますよね。とりあえずとか「なんとなく」とか、適当な感じの空気感が、まさにぬるま湯状態だと私は思うのです。

このホームセンターでの出来事は、若い日本人社員の「質」を物語る一つの例ですが、大変寂しく、残念な思いを感じずにはいられませんでした。

その一方で、**緊張感を持ち、グローバル力のある外国人留学生を採用する企業が急増している**のもうなずけてしまいます。

企業や店をつくっていくのは、すべて人です。社員の質が悪ければ、企業の評価も低くなるでしょう。よいサービスや商品を消費者に提供するためには、そこで働く人の「質」が問われることになるのは当然のことです。

昔の年功序列社会では、「会社に入ってから社員を育てればいい」というような社員教育風土がありました。しかし、この不況の時代、企業もさまざまな競争を強いられる中、会社に入ってからではもう遅いという風潮になってきています。

つまり、今の世の中では、会社がじっくり育てる余裕はなく、「入社した時点で、既に芽を出していなければならない」のです。

前述のように、その要求に応える形で、日本に留学している優秀な外国人留学生が就職するケースが増えてきているのです。

また、国内市場の縮小、円高、グローバル化などの動きに対応できる即戦力の日本の若者が少ないともいわれています。こうした背景から、海外での現地採用が増えていることで、さらに厳しい就職戦線になっている事実を改めて緊急の課題として見つめ、対処しなければなりません。

会社に入ることはゴールではありません。会社に入ってどのように働き、どのように会社に貢献できるかがカギなのです。いつまでも受け身の状態では、厳しい社会の中で生き抜いていくことはとても困難でしょう。

世界の手強《てごわ》いライバルたちは、必ず就職したあとのビジョンを持っています。日本の若者のみなさん、「とりあえず就職できればいい」という考えはもう通用しませんよ。

◉世界70億人の中で生き抜くために

みなさん、地球儀の中に自分がどのくらいの大きさで立っているか、ちょっと想像してみてください。

2011年版の「世界人口白書」によると、世界人口は70億人に達したといわれています。そのうち日本の人口は、約1億2800万人。世界のたった55分の1と考えると、とても小さく感じますね。

テレビ番組で、アメリカの米日経済協議会の副会長が興味深いことを言っていました。「アメリカのトップ企業は、アメリカの人口3億1000万人の中からではなく、世界中70億人の中から優秀な人材を選ぶのだ」

私は、就職を目指す若者たちに、「70億人の中から選ばれるんだ」という強い意識を持ってほしいと思います。そういうスケール感やレベル感は、自分から海外に出るという体験をしないと、やはり実感しにくいものでしょう。

三菱グループの創始者・岩崎弥太郎の生家には、日本列島を見立てた石組みの庭があります。日本列島のように並べられた飛び石は、弥太郎自身がつくったといわれています。弥太郎は、10代の頃から「日本列島は、わが庭の内にあり」と大志を抱き、大きな世界を目指していました。そのスケール感の大きさにはとても驚かされます。彼は、少年時代から儒学や陽明学など勉学に励み、やがてジョン万次郎から英語や海運、造船などの知識を学びました。大きな志とたゆまぬ努力が実を結び、のちの三菱財閥の基礎を築いていったのです。

私たちが日常生活の中で広い世界をイメージすることは、なかなか難しいことかもしれません。しかし、自己実現のためにはイメージトレーニングをすることが大切です。弥太郎のように、小さい頃から広い視野でイメージすることができれば、人生の道も大きく開かれるでしょう。

これからの時代を生きる子どもたちには、70億人の中で自分の立ち位置を見つめて生きてゆく力が必要です。

そのイメージを考える上で、非常に参考になる一つのわかりやすい例があります。

●大学生に求められるイメージ像

日本…正解が出せる人
世界…白紙に絵を描ける人材

もちろん、すべての日本人学生が「白紙に絵が描けない」わけではないことは付け加えておかなければなりません。日本の高校や大学の入試問題の作成方法や入学後の授業内容など、多くの要因が絡み合ってこうした差があるといわれます。

このところいくらか変わってきているとはいえ、日本の大学生像は、社会の中で「出る杭《くい》としては打たれない」ようにするための備えを自然と身につけている傾向が強いという特徴があります。また、高校でも大学でも授業では一方的な講義が多く、個人の意見を表現するようなトレーニングはされていないため、みんな平均的に「よい子」のイメージ像になっているのです。

一方、世界の大学生像は、厳しい競争環境の中でチャンスを勝ち取る志向を持ち、高いコミュニケーション能力を持っているのが特徴といえます。自らの考えを表現し、主張しながら道を切り開き生き残ってゆくことが、彼らの「生きる技」として、子どもの頃から鍛えられている国々が多いのです。

日本人は、昔から「奥ゆかしい」とか「謙虚」だとよくいわれます。

しかし、遠慮して意見を発しない人は日本では通用しても、世界では「意見を持っていない」と見下されてしまうこともあります。たとえイエス、ノーをはっきり言えなくとも、何かしら自分の意見をちゃんと伝えるということは、どこの国であろうと、コミュニケーションをする上で必要なことなのです。

私は、車を運転しながら日本の特徴を感じることがあります。

その一つは、広い優先道路を走っている車が、脇道から出てくる車を先に行かせてあげようとするケースです。

譲るほうは親切心で停《と》まってあげているのですが、アメリカやヨーロッパではあり得ない光景です。逆に、優先道路を走っている側が停まっていては後続車に追突される可能性があるなど、危険行為と見られてしまいます。

日本人の、相手に対するきめ細やかな気遣いや思いやりはとても素晴らしいことですが、世界ではみんなが同じ感覚を持っているとは限りません。こうした感覚の違いも、自分が世界70億人の中の1人だとすると、自分たちの常識が通じないということを理解できるかもしれません。また、そうした違いを肌で感じることは非常に大切なことです。

日本人は単一民族で、なんとなくみんなが同じルールで暗黙の了解として通用するようなところがありますが、世界では何事も自分から発信しなければ伝わりません。

世界には70億もの人間がいて、70億通りの考え方があり、人生があるのです。若いうちにいろいろな体験をして、視野を広げれば、アイデアも柔軟性も広がっていくと思います。世界を知るということは、自分の世界を広げるきっかけになるはずです。

一つの正解だけを出そうと頑張るより、キャンバスに自由に絵を描くほうが楽しくはありませんか?

第4章

世界で広がる格差社会とグローバル化

◉日本の幸福度

2011年、ブータンの国王夫妻が初来日し、メディアをにぎわせました。

ブータンといえば、「国民総幸福量」（英：Gross National Happiness 通称GNH）で有名です。その昔、1972年に、当時の国王であるジグミ・シンゲ・ワンチュクが提唱した尺度です。

GNHは、GNP（国民総生産）やGDP（国内総生産）のような経済的なものではなく、心の豊かさを高めようとするもので、日本でも注目されるようになりました。彼は「豊かであることが必ずしも幸せではないが、幸せであるとだんだん豊かだと感じるようになる」と言っています。

ブータンは、中国とインドの間に挟まれた、人口約70万人の小さな国。

主な産業は農業と水力発電です。ヒマラヤ山脈の雪解け水が豊富に供給されているため、水不足の心配はなく、農業に適している環境です。また、自然環境の保護にも努め、森林面積を国土の約7割まで拡大し、自然と人間の共存を目指しているそうです。

２００５年の国勢調査によると、ブータン国民の約97％が「幸せ」と答えています。経済的には豊かでなくても、自然の恵み、生き物に感謝しながら、家族と共に仲良く暮らすという国民性がよく現われている結果だと思います。

物質の豊かさよりも、精神の豊かさを何より大事にしていると言えるでしょう。

みなさんは今、自分が幸せだと思いますか？

お金、地位、家族、仕事、命の中では、何に幸せを感じますか？

また、これからほしいものはなんでしょうか？

日本の幸福度については、２０１１年に都道府県別で幸福度を示した法政大学大学院の研究結果がニュースで話題になりました。

これは、平均寿命や出生率、完全失業率、犯罪発生件数など40項目の社会経済統計指標からはじき出した「幸せ度」です。

今回のランキングでは、1位が福井県、2位が富山県、3位が石川県という結果になりました。ナンバー3がすべて北陸地方というのも興味深いところです。

1位の福井県は、未婚率が低く、出生率が高い、障害者の雇用率、正社員比率が高い、犯罪が少ないなどの理由が挙げられるそうです。

一方、ランキング最下位の大阪は、生活保護受給者の多さ、治安の悪さなどに不満があったようです。

私の住む静岡県は19位と、比較的高いほうですが「仕事を持つ人が多い」の指標で2位ということでした。失業率が低いということでしょうか。

私はこの幸福度はおもしろいと思ったものの、先に述べてきたまさに「ぬるま湯」状態を感じてなりません。

法政大学大学院の坂本光司教授は、「この幸福度は順位付けが目的ではない。40の幸せの物差しのうち、どこが進み、何が足りないのか、地域で考えてほしい」と話しています。最下位の大阪府民が不満を言ったり、35位の鹿児島県民が5位の佐賀県や熊本県に反論したりしている場合ではありません。

(出典：法政大学ホームページ　２０１１年度「法政フォトジャーナル」、２０１１年12月26日付　日本経済新聞)

ブータンの幸福度も素晴らしいことだと思いますが、国全体が目指す姿として、経済的な発展を最重要としていないという前提があるからこそ、幸せ度が高いのだと思います。

経済学者の故ポール・サミュエルソンは、生前に「幸福＝所得÷欲望」という方程式を発表しました。私は、まさにその通りだと思っています。

ブータンという国は、欲望が小さいからこそ、所得も少なくて済む、つまりは幸福であるということなのです。

そこで、日本はどうでしょうか？　高度経済成長を経験し、先人が築いてきた優れた技術の発展により、人々の暮らしは素晴らしく豊かなものになりました。

現在、不況で失業率も高いとはいえ毎日、飢《う》え死《じ》にする人がいるわけではありません。それでも、日本の経済成長は低迷傾向にあるのです。

これから厳しい社会の中で、欲望を小さくして幸せを感じられる人はそれでいいと思います。

みなさんには、欲望がありますか？

出世したい、今よりもっと稼ぎたい、車や家を購入したい、幸せな結婚をしたい……などなど、きっと何かしら欲望を持っていることでしょう。

もしポール・サミュエルソンの考えに従うなら、もし今あなたが幸福になりたいのなら、所得を増やすか、欲望を減らすか、そのどちらかを選択するしかありません。

もちろん、私はどちらでもいいと思います。

ただ、日本全体を考えたときには、国の経済が発展していくためには、どうしても所得を増やさなければいけないでしょう。つまり、国民一人ひとりの所得も増えていかなければ、やはりこの不況、または不況という停滞感から脱出することは不可能です。

私は、欲望があればあるほど、いい意味で人は成長できると信じています。

日本人はこれまで、戦争を経験し、辛《つら》い過去を味わい、なんとか日本を立ち直らせたいという欲望のもと奮闘《ふんとう》してきたからこそ、経済を大きく発展させてきました。

昨年、日本は東日本大震災を経験し、さらなる苦難の時期に直面しています。互いにいたわり、助け合うことは本当に大切なことです。

そして、ここから立ち上がるためには、さらに一人ひとりの強い力が必要だと思います。自らが強く、立ち上がるための意識を持つことが何よりも大切なのです。

「欲」と「幸福」の関係を、真剣に考えてみませんか？

「今さえよければ」というような、目の前の小さな幸福に一喜一憂するばかりでなく、もう少し広い意味での幸福を意識してみましょう。

●世界で広がる格差社会は他人事じゃない

私が17歳の頃、初めてアメリカへ留学したときにショッキングな光景を見かけました。

サンフランシスコの都市交通システム「バート」のとある駅で、白人の中年男性がスーツを着て、下手くそな歌をアカペラで歌っていたんです。手前にボウルのような容《い》れ物を置いて、物乞いをしていました。

つい昨日まで一流企業の第一線で活躍していたと思わせるような人が、必死に涙を浮かべて歌っているのです。17歳の私は、「アメリカって厳しい国だな」と感じたことをよく覚えています。

1980年代初頭のアメリカ

時は１９８１年、当時のアメリカは失業問題が話題になっていました。

その白人男性は、職を失った自分の嘆かわしい現実をそのままに歌っているようで、とても私が声を掛けられるような雰囲気ではありませんでした。

もちろん、足を止めて歌を聴くような人は誰もいません。チップを入れる人もいません。ただただ、身ひとつで必死に歌っている姿を、私は呆然《ほうぜん》と見ていることしかできなかったのです。

当時１ドル２５０円のレートでした。ハンバーガーとポテトを買うだけで、８００円ほどするような物価の高さです。このアメリカ社会で生きていくということは本当に大変なんだなと痛感しました。

そして、その30年後の昨年11月、シアトルで70代半ばの男性と話をする機会がありました。今の日本の若者の内向きについて話すと、「アメリカの70年代と一緒だ」と言われました。

70年代といえば、アメリカは経済成長を遂げ、世界のトップであることに慢心《まんしん》している人たちが多くなった時代です。そこから徐々に格差が拡大し、失業する人々が増えていきました。

まさに、私がサンフランシスコのストリートで見たあの光景は、その結末の一端と言えるでしょう。

しかし、その後もアメリカは世界をリードし続けています。いったいなぜでしょう？

その答えは、いつの時代も海外から来た優秀な「移民」による力があるからです。

それまでのアメリカ人の力が衰退しかかっても、いつも優秀な人材が世界各国からアメリカンドリームを描いて移民して来ました。それゆえ、人口も増えていったのです。

移民たちの力や新しい風があったからこそ、アメリカは成長し続けることができたのだと思います。

日本には今、中国や韓国など東南アジアの人々がたくさん来ています。

しかし、彼らのゴールは日本ではなく、アメリカ、そして、世界です。日本を次の活躍の場にというわけではなく、日本で優《すぐ》れた技術や学問を学び、さらにそれを自分のものにして、世界へ羽ばたいていきたいという野望があるのでしょう。いろいろな民族が集まることで、社会は活性化されてゆくものです。

もし今後、日本へ目指して来る者がいないとしたら、今度は日本人が海外へ出て力を発揮し、それをさらに自国へ持ち帰るということをしないと、これからの日本に未来はないと思います。

現在、世界中で格差社会が広がっているといわれています。

先ほどの失業者の光景、世界で起きている若者たちの暴動は、まさに格差社会を象徴する事例です。

世界の1％といわれる富裕層が世界の40％の資産を保有しているといわれています。アメリカの金融危機以降もなお、資本主義的な動きが続いているために、世界全体において所得の格差が広がっているのです。

アメリカだけでなく、イギリス、フランスなど、若者たちが暴動をして格差是正を訴えていますが、これはなかなか簡単に改善できない問題でしょう。

なぜなら、富裕層は「自らは自らで守る」という自己防衛をベースに生きており、自分や家族への投資をどんどん活発化させているからです。社会や政治に頼っているだけでは、誰も助けてくれないのです。もちろん、社会や政治を「使う」ことはありますが、当てにするのではなく、自らの責任と努力で富を得る対応を重ねているのです。

残念ながら、それらに該当しない人たちの中には、**社会や環境を当てにしている人も多く、そうしたケースでは、格差が広がってゆくことを止めることは難しいのが現実**とも言えるでしょう。

◉「普通」に暮らしていたら、所得が減る？

今年2月5日に放送されたフジテレビの番組『Mr. サンデー』では、日本に「貧困女子」が増えているというニュースが採り上げられていました。その定義によれば、手取りの給料から家賃を引いて、8万4999円以下ならば、生活保護レベル以下ということで貧困層に入るとのことです。

調査によると、単身女性の3人に1人は当てはまるということですから、結構多いことにびっくりしますね。

これも格差社会が広がっているということを指しているのだと思います。

そして、女性に限らず、日本人の所得も全体的に減っているといわれています。

国税庁によるサラリーマン（民間企業で働くサラリーマン、役員、パート従業員を含む）の平均年収の統計調査では、1997年のピーク時に467万円あったのが、だんだん減少し、2009年には最低の406万円まで落ち込みました。なんと、13％減です。2010年度では412万円になり、少し上昇しているものの、やはり下降傾向にあるといえます。

昔は、日本全体が上向いていたので、みんなが努力して自分もさらに努力しようという気概が強かったと思います。また、全体の経済が伸びているので、周りに比較して特別に努力をしているわけではなくても、自らが伸びているような気がしていたということもあるでしょう。年齢が上がれば給与が上がる年功序列も、努力をして上がっているという気持ちにさせたのだと思います。

今、日本はマイナストレンドの経済で、いわゆる伸び悩む「成熟社会」です。

こうしたマイナストレンドの中で、成果を出す人は人の何倍もの努力が必要になってきます。ですから、そこで**頑張ろうとしない人は、どんどん自分で格差を広げていってしまうことになるのです。**

国、地域全体がなんとかしてくれるだろう、景気もいつかはよくなるだろう、という**他力本願のままでは、格差の二極化はどんどん進んでいくでしょう。**

やはり、ぬるま湯社会からの脱出がキーワードです。もちろん、若者だけではなく日本全体が意識しなくてはいけないと思います。

日本には、ここ数年で生活保護者の増加や年金不正受給などの問題が急増しました。弱者を助けようとする社会は、過剰になると、本当は頑張ることのできる人さえ堕落《だらく》させてしまう可能性があると思います。

社会のサービスに依存することなく、自分自身で未来を切り開いていくことができれば、格差社会の中で自分の生活レベルを上げていくことはできるはずです。

格差社会は、遠い国の話ではありません。

自分の今の立ち位置を踏まえ、これから将来どこを目指していくのか、真に問う時代がやってきたのだといえるでしょう。

◉世界の中のニッポン、鎖国か開国か？

低成長を続ける日本、これから世界の中でどうなっていくのでしょうか？

日本は、アメリカに続く世界第2位の経済大国でしたが、2010年にGDPで中国に追い抜かれ、ついに3位となってしまいました。その差は、今後さらに広がっていくといわれています。

また、東南アジアでは、シンガポールの発展も目ざましいものがあります。人口は数百万人、国土は東京23区程度しかない小国シンガポールは、「自分の国だけでは生きていけない」というのは明らかで、どんどん外国人を受け入れ、同時に海外にも出ていき、世界と共に生きていくということを当然のようにしています。空路・海路のハブ化にいち早く乗り出し、企業への優遇制度を採り入れていることなどはよい例でしょう。それゆえ、国際競争力が増すのだと思います。

日本人の私たちは、この日本という島国の中で生きていけば、これまで通りの生活が将来もできると信じ込んでいませんか？

これは大きな間違いです。

今、少子高齢化が進んで日本の人口が減っています。それに伴い、国内マーケットも縮小しています。

エコノミストの藻谷浩介氏の著書『デフレの正体　経済は「人口の波」で動く』では、人口には波があって、波が大きい時代は消費が多く、経済も発展するということを述べていますが、まさにその通りだと私は思います。

「人の口」とはよく言ったものです。人の口が増えていかないと、食べ物が消費されません。まず生きていくための食が重要で、次に衣類、住まい、電化製品など、消費が増えていくものです。

中国の場合は、一人っ子政策が過渡期を迎え、今後は日本と同じように高齢化が進んでいくでしょう。高齢化することで、やはり成長が鈍化していくのです。

アメリカと同じように、どんどん移民を受け入れて何億と人口が増えていけばいいですが、日本という小さな島国ではなかなか難しいものがあります。

日本が、国内マーケットを維持して自国だけで成長し続けるためには、やはり移民を受け入れるしか方法はありません。

移民も受け入れない、出て行きたくもないというような内向き志向では、マーケットも縮小し、所得も減っていくのは当然のことです。

松下幸之助氏は、電球を売りにアメリカの企業を一つひとつ必死に回ったといいます。

本田宗一郎氏は、それまでのスポーツカーを一新し、初代シビックを「世界のベーシックカー」として世界に売り込みました。マーケットのあるところに、自ら乗り込んで売り込むというシンプルな方法ですが、やはり自分の目で見て、自分の手で売り込むという強い情熱があったからこそ、企業の発展があったといえるのです。

日本が鎖国するか、開国するかのどちらかで、人口の波も今後の未来も変わってくるでしょう。

２０１０年4月10日、日本経済新聞に『こもるなニッポン』という記事が掲載され、大変注目されました。

中国でコメンテーターや作家として活躍する、加藤嘉一さん（当時25歳）のインタビューです。彼は、北京大学大学院を卒業し、中国語で日本のことを解説できる日本人として、出版業界やテレビなどで引っぱりだこの人物。年間３００本以上の取材を受け、２０本以上のコラムを書き、中国と日本をつなぐ架《か》け橋《はし》として尽力されています。

彼は、「日本人が海外に出るのはローリスク・ハイリターンです。円は強いし日本人は尊敬される。何よりグローバリゼーションは日本人の宿題なんだから。逆に中国人の留学がどんなに大変か。それでも若者は勉強して留学して世界でキャリアを積もうとする」と語っています。

（出典：２０１０年4月10日付　日本経済新聞）

加藤さんのコメントを見て、ひざを叩いてうなずいたものです。

現在、世界人口約70億人の中で、日本人の割合はたったの２％。つまり、98％が外国人ということになります。このまま日本で少子化が進むと、２０５０年には１％に減るだろうといわれています。

周りは外国人ばかりというのに、人の国際化がなかなか進まないこの日本。今後、世界の中で生き抜いていくためには、やはりグローバル化というトレンドの波に乗れるかがポイントになってくるでしょう。

加藤さんは「これまで、海外の長所に学び、巧みに成長につなげてきた日本は、これからも、さらに世界を知り、世界と生き、新たな開国モードへと進む必要がある」と語っています。

彼は中学3年の修学旅行のときにオーストラリアへ行き、日本と世界の差に驚愕《きょうがく》したそうです。

日本という国を飛び出して初めて、「世界は大きかった」、「日本のやり方がすべてではない」、「自分の違和感・閉塞感《へいそくかん》は間違っていなかった」と確信します。それを機に、英語を本気で学ぶことを決意し、やがて北京大学へ留学したそうです。

最初は中国語も話せない、友だちもいない、お金もないという過酷な環境の中、現地の人と交流しながら体当たりで語学を習得し、半年後には中国語の翻訳《ほんやく》で生計を立て始めたそうです。

私も初めてアメリカに行ったときは、いろいろなカルチャーショックがありました。同時に、海外に出て初めて、日本の素晴らしさに改めて気づくことも多かったです。

世界に出るということは、日本という国を改めて知ること。そして、逆に世界に日本を知ってもらうことにほかなりません。それは自分を成長させ、また国をも成長させる可能性を秘めているのです。

鎖国か開国か……。

ＴＰＰ（環太平洋戦略的経済連携協定）で求められている経済的な開国のみならず、「開かれた日本人」がこれから求められることになるのです。

◉ようやく始まった日本企業のグローバル化

日本のガラパゴス化が進みゆく中、このままではやはり生き残れないと気づいた日本の企業は、グローバル化に取り組むようになりました。

ＮＴＴコミュニケーションズでは、２０１１年の夏から、入社１、２年目の社員を海外に派遣《はけん》するようになったそうです。海外事業の拡充のため、欧米や香港、インド、シンガポールなどに駐在させ、若手社員をできるだけ早くグローバル人として育てようということです。

トヨタ自動車では、採用内定者が入社する前の半年間に海外留学できる研修プログラムを導入しました。入社後ではなく、入社前にグローバル人材を育成しようという取り組みは、なかなか画期的な方法だと思います。

パナソニックでは、２０１２年度の採用を国内で３５０人（前年より１６０人減）、海外は前年と同じ１１００人を維持する予定になっています。全体に占める海外の採用比率は、なんと過去最高の76％。今後も、新興国などの事業拡大に向けて人材確保を進めるそうです。

２０１０年はグローバル元年と呼ばれましたが、楽天の英語公用語化も話題になりました。

『東洋経済オンライン』のインタビュー記事で、三木谷浩史社長はこんな厳しいコメントをしています。

「もう国籍は問わない。中国人、インド人は今までエンジニアが中心だったが、今後はビジネス系の職種も採用する。そのために英語を公用語化した。日本語だと、日本語がしゃべれないとハンデになるが、英語になった瞬間に全員が平等になる。

昔から『英語だけしゃべれて仕事ができない奴がいっぱいいる』と言う人が必ずいるが、もう英語は必要条件。読み書きそろばんのそろばんと同じ。その意味で、英語がしゃべれない社員は問題外です。

そうは言っても、『いきなり明日から英語をしゃべれ』というのは無理でしょうから、

2年間は猶予《ゆうよ》を与える。2年後に英語ができない執行役員はみんなクビです」
（出典：２０１０年6月16日付　『東洋経済オンライン』ビジネスインタビュー）

楽天では既に、会社全体の「朝会」といわれる朝礼や経営会議では英語が使われているそうです。２０１２年末までには英語を公用化し、英語ができない社員は辞めさせるという姿勢を示しています。

英語ができればグローバル人ということは言えないものの、やはり言語の壁《かべ》の克服は第1ステップとなるでしょう。社員全員が国境を越えてコミュニケーションを図り、グローバルな視点で仕事に取り組む。今後の動向が気になるところです。

また最近、外国人留学生の採用も増えてきました。これは、第3章の「内向きな若者は就職に不利？」で述べた通りです。

株式会社ディスコによる企業リサーチでは、２０１１年度に外国人留学生を採用した企業は、全体の約13％、２０１２年度の見込みについては、採用するという企業が約25％となり、ほぼ4分の1に達したそうです。

とくに海外拠点のある企業では、２０１１年度実績で約24％、２０１２年度の見込みは約42％で、ほぼ倍増していることがわかりました。

ちなみに、外国人留学生を採用したことのある企業に聞いたところ、「日本人社員への刺激・社内への活性化」に好影響があったという回答が約67％もあったそうです。

２０１２年2月の最新の調査では、企業が日本人留学生を採用する目的で最も多いのは「優秀な人材を確保するため」で、次いで「海外経験で培った感性・国際感覚等を発揮してもらうため」という結果が出ています。

日本の大学よりもカリキュラムの厳しい海外の大学で学問を修了したことや、海外で積んだ豊かな経験を高く評価する企業が多いと言えるでしょう。

(出典：株式会社ディスコ　２０１１年8月「外国人留学生の採用に関する企業調査」、２０１２年2月「採用活動に関する企業調査」)

ユニクロを運営するファーストリテイリングでは、２０１２年に新卒の約8割に当たる１０５０人が外国人採用という発表がありました。店舗のある中国、韓国、欧米などが対象で、日本人の新卒者と同じように管理職コースを歩む社員として育成されるそうです。また、楽天と同様、２０１２年3月から英語を社内公用化すると発表しています。

こうして考えてみると、**日本で元気のある企業というのは、どんどん新しいことにチャレンジしています。内向きではなく、断然「外向き」なのです。**

世界のトレンドに合わせて、日本企業も柔軟に動いていかなければ、グローバル化の波に取り残されてしまうでしょう。

◉企業が求めるグローバル人材とは

アジアの企業でも、社員の国際競争力を高める取り組みが進んでいます。

例えば、韓国のサムスンでは、課長クラスへの昇進の際にTOEIC920点という条件を付しているそうです。

日本の有名企業も、次のようにTOEIC条件を用い始めています。

● 松下電器（国際広報担当）…900点
● 富士通（海外勤務のある営業・技術者）…860点
● NTTコミュニケーションズ（新卒採用）…850点

●日立製作所（経営幹部候補）…８００点
●住友不動産、野村不動産（採用条件）…８００点
●日本マクドナルド（海外赴任条件）…８００点
●三菱商事（課長クラス昇格条件）…７５０点
●丸紅（入社5年以内に）…７５０点以上
●楽天（上級管理職昇格条件）…７５０点
●ソフトバンク（新卒採用）…７３０点
（出典：TOEIC〈R〉Test CLUB ホームページ「スコアを求める企業」）

今後、グローバル化に伴い、求められる点数も随時上がっていくと見られています。

このサムスンの高い条件を見てわかるように、韓国では厳しい競争社会、国際社会に備えるため、国民の教育に対する意識が非常に高まってきています。それに伴い、教育費の割合を増やす家庭が増えてきました。

子どもが小さい頃から英才教育を始めたり、借金をしてでも海外留学を経験させる親が多いといわれます。また、子どもの留学と共に母親も一緒に移住し、父親は単身で韓国内

で働き、海外にいる母子に仕送りするといったケースもあるそうです。

また近年、インドや中国も同様に、教育費にかける割合が大きいと言われています。やはり急成長している国では、いち早く今後のグローバル化に目をつけ、子どもを教育しているということがよくわかります。

一方、こうした教育熱によって、過去の日本の「偏差値教育の弊害」と同じような問題が生じ、多方面で指摘され、社会問題化されていることも事実ではありますが……。

最近テレビを点《つ》ければわかるように、韓国人のタレントや歌手が日本の芸能界でめざましく活躍を遂げています。

彼らの歌やダンスパフォーマンスを観ていると、日本のいわゆるかわいいだけのアイドルグループとは違って、世界に通用するレベルの技術を持った若者が多いなぁと感心します。英語をネイティブ並みに話せる人も多いようですが、やはりグローバル化を意識した教育の成果が出ているのだと思います。

我々日本人はもともと勤勉な国民ですし、鍛えられる場がありさえすれば、英語の能力が伸びる可能性は必ずあるでしょう。

もちろん、日本には高学歴の若者もたくさんいます。しかし、**これからは学歴だけではない強い人材、つまり〝生きる力〟を持った人材が求められている**のです。

それでは、今後求められる人材の条件とはどんなものでしょうか？

ある通信機器メーカーF社の代表取締役は、次のような人材でないと採用は難しいと言っています。

●海外志向の社員
●英語等の語学が使える社員
●外向き、前向き、上向きな社員
●国際的な視野を持っているか、その素質がある社員

これらは、まさにこれからの国際社会が必要とするグローバル人材です。

さて、第2章でやった「ぬるま湯チェック」を覚えていますか？

チェックが多かった人は、このグローバルな人材条件とまったく反対のタイプではないかと思います。

もちろん、日本人の採用を企業がたんに避《さ》けているというわけではなく、企業に必要な思考やスキルを持つのが、俗にアグレッシブといわれる外国人に多い傾向にあり、そういう人材を求める流れになっているということでもあります。

先ほどから見てきた日本の大手企業のグローバル化ですが、今後は中小企業でもその動きが広がっていくと考えられています。

ここで、ある中堅建設会社の経営者の声をご紹介したいと思います。

「市場が縮小し続ける国内で、建設会社が生き残っていくのは難しい。やはり日本国内で培ってきた技術を活かして海外に展開するなどの大きな取り組みが必要。そのためにも、海外経験者、つまり語学が堪能《たんのう》でさらに海外とビジネスコミュニケーションができる社員がほしい。しかし、これだけの買い手市場にも関わらず、そうした人材がきわめて少ないため、獲得できない」

また、ある中小の鉄工場経営者からは、「これまでは、海外企業から英文で指示書、依頼書が届いた際、翻訳のために外部に出し、時間を多少かけて取りかかっても問題ありませんでしたが、今では数日、もしくはその日のうちに対応できないと、立ち行かなくなってしまいます。社内に英語のできる社員、コミュニケーションできる人間を１人でも多く置くことが必要になっています。だから、採用の条件として英語力（ＴＯＥＩＣの点数など）を付けることにしています」という声が聞かれました。

国内の中小企業でも、こうした企業は今後増えてくることでしょう。

大手企業だけがグローバル人材を求めているというわけではないということを、意識しなければいけないと思います。つまり、これからは「あの人、英語ができていいね」なんて他人事のように言っている場合ではないのです。

仕事上も日常生活でも求められる英語力。英語は、もはやアメリカやイギリスなどの英語圏の人々との交流手段ではなく、世界中の人々との共通言語であるグローバル言語といえます。

さらに、英語力といっても、たんにコミュニケーションの一つの道具でしかありません。その先の本質的な意味での、高いコミュニケーション能力が必要とされてきます。

もはや、ガラパゴス化した日本ではグローバルな人材でなければ、埋もれていく一方です。世の中にいるのは、日本人だけではありません。この島国で小さくまとまって生きていくにしても、市場は縮小するばかりなので、今まで続いた豊かな環境はなくなる可能性があります。

私は、**ただグローバル人になればいいと思っているわけではありません。日本に生まれてきたのですから、この素晴らしい日本人のＤＮＡを持って、世界に広げていく力を身につけてほしい**と思っています。

人口が減り、国内市場が縮小し、不況が続く中、日本の品質の高さや技術を売り込むには世界をターゲットにしなければいけません。

そのためには、やはり「世界に通用する人材」が必要です。世界に強い人材を増やしていけば、きっと日本の未来、経済はまた上向きになっていくと信じています。

第5章

世界に通用する サバイバル力を持とう！

◉就職にはＧＵＴＳを！

企業が求めるようなグローバル人になるためには、いったいどうしたらいいのでしょうか？

語学力を身につけようと英会話学校に通ったり、国際交流のイベントに参加したり、外国人の友だちをつくったりと、日本にいてもいろいろな方法はあると思います。

しかし、その前にもっと大事なことを忘れてはいけません。

それは、ずばり「ＧＵＴＳ（ガッツ）」です。

今ではほとんど死語のような言葉ですが、昔は「ガッツを持て！」とよく言われた覚えがあります。ウルフルズの『ガッツだぜ!!』というヒット曲もありましたね。

少々古くさい言葉ではありますが、私はあえて今の時代には「ガッツ」が必要だと思っています。この精神がこれまでの日本を成長させてきたのだと思います。

ＧＵＴＳ（ガッツ）という言葉の意味には、やる気、根性、忍耐力、度胸……などがあります。内向きになる若者には、やはりこのガッツが足りないような気がしてなりません。

例えば、就職戦争に勝ち抜き、晴れて新卒で就職できたとしても、3年以内、いや1年で退職してしまう若者が多いということが、統計にも表われています。

また仕事でミスをしたとき、上司に厳しく説教されただけでひどく落ち込み、会社に出て来られず、自分を責めてうつ病になってしまう人もいます。

今年1月28日に放送されたＮＨＫ教育のテレビ番組『めざせ！会社の星』の中で、働く若者たちが上司についての不満を語っていましたが、「上司に怒られるのが怖《こわ》いので、なるべく優しくしてもらいたい」などということを言っていました。しかも、語尾の最後のほうが小声で弱々しく、観ていてちょっと呆《あき》れてしまうほどでした。社会に出れば、未熟な若手社員は失敗することも多いし、怒られて当然のこともあるでしょう。

しかし、生きて来た時代や価値観が違うからといって、若者に気を遣うのも何か違うんじゃないかと思います。

これはやはり、先に述べてきたようなぬるま湯社会やゆとり教育がもたらした結果なのかもしれませんが、私は今からでも遅くないと思っています。

ここで、ただたんに「ガッツ」という言葉だけではなく、次のような意味合いを込めて「GUTS（ガッツ）」を改めて提唱したいと思います。

G…Global　グローバル力
U…unafraid　失敗を恐れない力
T…toughness & tolerance　タフネス（粘り強さ）、忍耐力
S…solution　問題解決行動力

私が勤めている学習塾の前経営者である和田了氏（故人）が、私によく言ってくれた言葉があります。

「自分には失って困るものがない」――言い換えると、「失って困るものは持たない」という言葉でした。とてもシンプルで、強い言葉だと思います。人間は何か持ち物があると、あれもこれも失いたくないという気持ちにかられます。そういう物が増えれば増えるほど、人は萎縮《いしゅく》してしまう傾向にある。地位や名声やお金、プライドを取り払って、何ものにも執着せずに裸一貫で生き抜くことが大事だと教えてくれました。

私が和田さんと出逢ったのは、大学生のとき。当時、夏休みや春休みの期間中、実家に帰省しながら、アルバイトで学習塾の講師をしていました。

和田さんはとても明るく前向きな方で、アメリカが大好きな人でした。今考えると、グローバル人の先駆けだったなぁと感じます。

和田さんは20歳の頃、トランペットの修行にとアメリカ・カンザス州のオタワ大学へ留学しました。彼はもともと独学でトランペットを吹いていたのですが、高校時代はセミプロに近い活動をしていて、あのドリフターズのバックバンドでツアーに参加したこともあるそうです。

その後、音楽で食べていくのが無理だとわかり、ミュージシャンの道はあきらめて地元の浜松市に帰り、自分の得意な英語を中心に学習塾を始めました。やがて、自分の通ったアメリカの母校へ日本から留学生を送ることに尽力していったのです。

和田さんと私には、男同士の忘れられない思い出があります。

私は大学生の頃、昔からの夢だったアメリカ横断ドライブを実現したいと思っていました。最初は同級生の友だちと一緒に行く予定でしたが、たまたま和田さんにその話をしたら、和田さんも「行きたい！」と目を輝かせて便乗《びんじょう》してきたんです。

車でアメリカを横断するのに、仲間は多いほうが費用も安くなるし、心強いな、と思いました。和田さんは年齢がちょうど10歳上だったのですが、旅行の話をしているうちにだんだんと彼のペースになってきてしまったんです。そうこうしているうちに、一緒に行く予定の友だちが嫌《いや》になってしまって結局、私と和田さんの2人で横断旅行をすることになりました（笑）。

1984年、ムスタングというかっこいい車で、いよいよアメリカ横断旅行へ。ロサンゼルス～カンザス～メンフィス～マイアミ～キーウェスト～ニューオリンズ～アリゾナ～メキシコの長い道のりを、たった2週間で1万6000キロも走りました。今思うと、すごい無茶をしたなぁ、よく頑張ったなぁと笑ってしまいます。とにかく、ひたすら運転しっぱなしでした。毎日1000キロ以上ですからね。

当時、アメリカのハイウェイはオイルショックの影響を引きずっていて、最高速度が時速55マイル（約88キロメートル）だったので、かなりゆっくりめのドライブでした。

しかも、行く場所は決めずに行き当たりばったり。交代で運転して、まるで何かに取り憑《つ》かれたようにずっと車で走るんです。

私は学生、和田さんは会社の社長という立場でしたが、費用負担はイーブン。毎朝、巾《きん》着袋《ちゃくぶくろ》に50ドルずつ入れて、ガソリン代や食事代など共通のものはそこから出して使いました。当時のアメリカは飲酒運転に厳しくない時代で、ビールを飲みながらの楽しい珍道中でした（危険でもありましたね……）。

自分の一生の中で、あとにも先にもこれだけ運転することはないと思う経験でした。同じ姿勢で運転し続けるので、疲労も尋常ではありません。運転しないときは助手席でひたすら寝ていました。途中、２人ともなんでこんなにムキになって走っているのかわからなくなるくらいでしたが（笑）、とにかく「一度決めたことはやり遂げなければ！」という一心で無我夢中で車を走らせたんです。

アメリカ大陸横断中、短い滞在ながらも、いろいろな街の雰囲気を味わうことができました。

ニューオリンズではジャズ小屋を訪れました。そこでの光景は今でも目に焼き付いています。

狭くて暗い土間に、黒人たちが地べたに座り、ジャズバンドの演奏をじっと聴いていました。私はその光景を見て、黒人たちがアフリカの故郷の大地を思い出している姿を重ねて、思わず胸がジーンとした記憶があります。これもアメリカの一部なんだ、と。

私は和田さんとは違って、音楽に特別深い造詣《ぞうけい》がありません。でも、やはりニューオリンズで生の黒人音楽を聴いて、そのルーツを自分の目で観てちゃんと確かめることができたのは、本当にかけがえのない体験でした。百聞は一見にしかずというのは、まさにこのことだと思いました。

外国の文化を生で体験することは、新しい世界を知ることでもあり、自分の世界観をも広げてくれます。

ちょっと無謀だった私たちの横断旅行は本当に大変でしたが、やり遂げたときの充実感は何にも勝るものがありました。

私は、和田さんの「失って困るものは持たない」という言葉から、いつも前向きに裸一貫で生きてきた姿勢を教えてもらいました。

そう、「ＧＵＴＳ（ガッツ）」さえあれば、失うのが怖いという気持ちはなくなります。世界のどこにいても、誰といても、何をしても、生き抜いていけると思います。

今、就職やなんらかの事情で悩んでいるみなさん。

この「ＧＵＴＳ（ガッツ）」を手に入れて、一緒に頑張っていきましょう！

◉旅は究極のミニ人生

「ＧＵＴＳ（ガッツ）」を手に入れるためにはどうすべきか、これはなかなか簡単なことではないと思います。

たんに言葉を意識しているだけでは、何も始まりません。

私は、とにかく若いうちから「旅」をすることをお勧めします。場所はどこでも構いません。先に、私の子どもを北海道へ留学させた話を書きましたが、国内でも家から離れたところならばどこでもよいと思います。

旅は人を豊かにし、成長させてくれるものです。目で見て、耳と口で人と交流し、いろいろな場面に出逢います。そして、計画を立てても予定通りにいかないところも、旅のおもしろさだと思っています。

トラベル＝トラブル。

つまり、旅はトラブルに遭いに行くようなものなのです。こう言うと、悪いイメージがあるかもしれませんが、外の世界に出るということは、いろんな危険も伴います。しかし、トラブルを乗り越えたあとには素晴らしい出逢いや楽しみがあったり、ホッとすることもあるでしょう。そして、何よりも多くの「得るもの」があるのです。

いわば**旅は、究極のミニ人生です。いろいろな人生をシミュレーションできる場だと私は思います。**

先ほどのアメリカ横断旅行にしても、行き先を決めていないので、道をまっすぐ行くのか左に曲がるのか、右に曲がるのか、選択しなければなりません。

積極的な人の旅は、「あそこはなんだろう？　ちょっと行ってみよう」とか、思いがけずいい温泉を見つけて、「もう一泊しよう」とか、自分の興味に合わせて、旅の世界がどんどん広がっていきます。

一方、消極的な人だったら、何かのツアーにただ同行するだけとか、行き先は人任せにしたり、計画が決まっていたらそれに合わせて行動しようとするでしょう。

もちろん、旅にはトラブルがつきものです。

旅行先で財布やカバンを盗まれてしまったり、帰りの新幹線が大雪でストップしてしまったり……。でも、そういうトラブルを経験すると、次に同じようなことがあったときでも免疫《めんえき》がついて、さほど苦になりません。

私は、**トラブルに遭うのも、素敵な人に出逢うのも、「旅」であり「人生」**だと思っています。

旅というミニ人生をたくさん体験していれば、突然の困難に対する自己防衛力がつきます。新たに出逢う人間関係を、円滑に深いものにすることもできるでしょう。

私は30年前の17歳のとき、初めてアメリカへ短期留学しました。

2軒目のホームステイ先でのことです。無料で滞在させてもらっていたのですが、その代わりに私には5歳の女の子・ヒラリーのベビーシッターと毎朝、家族にミントティーをつくるという役割がありました。

確か3日目くらいの朝のこと。家族より早く起きて、ミントティーの支度も済み、時間に余裕があったんです。ふと部屋のゴミ箱にゴミがいっぱい入っているのに気づき、私はそれらを集めて、集積所へゴミを出しました。私としては、ちょっといいことした気分で少しご機嫌な気持ちになり、みんなが起きてくるのを待っていました。

ところが、中学2年生になるスコットが起きて、しばらくして、私にものすごい剣幕で怒り始めたんです。

「ゴミを出したのはおまえだろう！　おまえは俺の仕事を取った。俺の邪魔をした！」

私はほめられることまでは期待しないまでも、よいことをしたつもりでいい気分でいたので、正直びっくりしました。
「え？」と聞くと、「俺はゴミを出してお小遣いをもらっている。おまえがそれをやると、お小遣いがもらえないじゃないか！」とさらに怒鳴りつけたんです。

日本では、家での役割分担があったとしても、親切に人がやってくれたことに対して、そこまで怒ることはしないでしょう。こういうケースでは、とりあえず「ありがとう」と感謝するのが普通のような気がします。

しかし、アメリカでは違いました。アメリカでは、たとえ子どもでもちゃんと自分の役割やテリトリーがあり、それを侵《おか》されることへの不安感を非常に強く持っているのです。スコットの表情は、自分の収入を絶たれたという緊張感と絶望感。まるで生きるか死ぬかというような必死さがありました。

スコットの両親はそれを見て見ぬふりをしていたのですが、私は子供心にすごく怖さを感じました。アメリカは厳しい社会。一人ひとりが自らの権利を主張し、守っていかなければ生きてゆけない国なんだと、ここでも痛感したのです。

この17歳で感じた文化や価値観の違いを体験したことから、私はもっといろいろな世界に行ってみたいと思いました。

孔子の『論語』の中に、「三十にして立つ。四十にして惑わず」という有名なフレーズがあります。

私はこの言葉のように、人間には歳を重ねるごとにいろいろとわかってくることがあり、数々の経験という学びを経て、成長するものだと思っています。

例えば、成人を迎えた頃の私は自分のことを大人だと思い込み、すべてわかった気でいたような感じがします。それも、大人になる過程として必要なことではあるものの、今考えると全然わかっていなかったということも事実です。

人生、歳を重ねてくると、「楽しいことも辛《つら》いこともあるけど、人生ってこうなんだ」と、少しずつ実感と共に現実を知って、大人になるのです。

まるでジグソーパズルのように、一つひとつの小さなピースが少しずつ合わさって、ようやく大きな絵が見えてくるような感じです。

もちろん私も、まだまだ旅の真っ最中。これからパズルの絵がどんな風に描かれていくのかわかりません。

新しいことにも挑戦し、見知らぬ場所へもっと旅をしたいと思っています。

旅を重ねれば重ねるほど、歳を重ねれば重ねるほど、そのパズルの絵は魅力的に奥深いものになってゆくのです。

たくさん旅をし、ミニ人生をシミュレーションすることで、きっとGUTS（ガッツ）が自《おの》ずと身についてくるはずです。

近くの短い旅もいいですが、長くて遠い世界への旅は、さらに大きく自分を成長させてくれるでしょう。

とにかく、多感な若い時期の旅は本当に貴重で価値のあるものなのです。

◉語学力よりコミュニケーション力が大切

たくさんの旅以上に、さらに自分を成長させてくれるもの。

それは、「海外生活」です。

旅は一定の期間が終われば、自分の住む国、住む町へ帰り、元の生活ができます。

しかし、海外留学や海外赴任となるとまったく違います。その土地の風土、気候、生活習慣、食事など、生活のすべてにおいて新しい環境に自分の身を置かなければなりません。ですから、旅以上にいろいろなトラブルに出逢うことは必至です。

海外で必ず直面する問題といえば、「言葉の壁」です。

私にも、まず言葉の壁がありました。

最初にアメリカへ短期留学した17歳のときの話です。

例のゴミ箱事件があったホームステイが終わってから、ロサンゼルスで知り合った箕輪《みのわ》くんという友だちがバークレーという街に住んでいたので、そこに数日泊まらせてもらっていました。

友だちの家からミニ旅行へ出かけていたある日、時間が遅くなって、最終バスに乗り込んだんです。バス停の名前と友人の電話番号は控えていたものの、途中、目的のバス停を乗り越してしまい、どこで降りてよいのかわからなくなってしまいました。

結局、終点のターミナルまで到着し、私は慌《あわ》ててバスの運転手に「ここのバス停で降りたかったんですが、わからなくて……」と告げたんです。

するると運転手は、「俺は知らないから、とにかく降りろ！」と冷たく言い放ちました。

季節は2月の真冬。その日は冷たい雨が降っていました。時間は夜9時頃だったと思います。私は途方に暮れて、傘を差しながら見知らぬ街をトボトボと歩きました。人気もなく、とてつもなく心細かったことを、昨日のことのように覚えています。

（どうしよう、このまま今日は野宿しなければいけないのか……）

しばらく歩いていると、犬を連れた初老のおじさんとすれ違いました。私は藁《わら》をもすがる気持ちで、つたない英語で一生懸命話しかけました。

アメリカは物騒だから、夜の街で知らない人に声をかけても返事をしてくれない、ということはわかっていました。ダメを承知で声をかけてみました。

「帰るところがわからなくなってしまったんです！　公衆電話はどこかにありませんか？」

自分は怪《あや》しい者ではないことを、必死にアピールしました。

おじさんは「わかった、私の家で電話すればいいよ。ついて来なさい」と、親切に返事をしてくれたのです。まるで神様に出逢ったかのように、パァーッと目の前が明るくなりました。

その後、おじさんの家で電話を借り、無事に箕輪くんと連絡が取れ、住所も確認できたのです。今でもそのときの光景が目に焼き付いています。

廊下で電話を借りたあと、おじさんはあったかいコーヒーを出してくれました。そのコーヒーがなんとおいしいこと！　おじさんの優しさには本当に感激したものです。

そして、今振り返ると、あのときほど自分が英語をしゃべれたことはないと思うほど、きちんと自分の思いを伝えることができました。

やはり人は窮地《きゅうち》に立たされたとき、必死になって本気で伝えたいという気持ちがあれば、英語が下手《へた》でも絶対通じるんだなと思ったんです。人というのは、「火事場のバカ力」と言われるように、せっぱつまったときにものすごいエネルギーが出るのでしょう。

このことは私にとって、非常に大きな自信となりました。どんな逆境でも乗り越えられる、と。そして、このときの自信が次への会話や自分の成長につながったと思っています。

日本人は、とかく語学に自信がないという人が多いようです。今の私も、自分の英語能力が高いとは言えません。

でも、**一番大事なのは、やはりコミュニケーション力だと思います。**

伝えようという気持ちさえあれば、どんな場所でも、どんな人が相手でも、きっと伝えることができると思います。

言葉より気持ち、そして、何よりも「行動」が大事なのです。

◉海外での逆境は人生のビッグチャンス

ここで、私自身の就職活動についてお話ししたいと思います。

今、就職活動している若者のみなさんには大変申し訳ないのですが、私が就職活動していた頃、なんと面接に行くだけで交通費が出るようなことがありました。東京から九州の会社に行くのに、飛行機代も支給されたんです。

1986年のちょうどバブル景気が始まった頃。経済に活気があり、就職先もたくさん選べるという、完全な売り手市場でした。

私は大学で理工学を専攻していました。周りの友だちは東芝やNEC、キャノンなど大手企業に就職する人が多かったです。そんな中、私はみんなと同じような有名企業に行こうとは思わず、堀場製作所と日本合同ファイナンス（現ジャフコ）を志望していました。

第一志望の堀場製作所は、電子分析機器メーカーの会社。実は、分析機器の仕事に興味を持っていたというわけではなく当時、ベンチャーの雄と呼ばれて話題になっていた社長の堀場雅夫氏に憧《あこが》れていました。

社是が「おもしろおかしく」というところにも共感していたんです。また、大企業ではありませんでしたが、70年代からアメリカやドイツに子会社を持ち、いち早く海外へ進出しているところにも強く惹《ひ》かれていました。

幸い第一志望の堀場製作所に就職。経理課へ配属されました。その後、イギリスとドイツでの8か月の長期出張を経て、入社3年目の5月にフランスの子会社へ出向したのです。

私はそのとき25歳でしたが、日本人第1号、唯一の日本人として、フランスの会社に勤務するということで、大きなプレッシャーを感じていました。

しかし、フランス語はまったく話せない状態ではありましたが、現地のマネージャークラスの人は英語を話せたので、最初は英語で仕事をしました。もちろん英語も完璧《かんぺき》ではなくカタコト状態でしたが、なんとか徐々に慣《な》れていきました。

実は、言葉の壁《かべ》よりさらに手強《てごわ》い壁がありました。

その子会社は、ダニエルというフランス人が取り仕切っていて、とにかく彼のワンマンぶりがすごかったんです。

ある意味、ダニエルが取り仕切っている会社の様子を、日本の本社に正確に伝えることが最大の任務として、出向したようなところがありました。彼は、ホリバグループの中でも異質の存在だったのです。

だから、ダニエルにとって、スパイのような存在の私はおもしろくないわけですね。彼は仕事のできる人ですが、強気でマイペースなところがあったので、フランス人スタッフの中でも彼との関係がうまくいかなくて辞めてしまう人が多くいました。

とにかく、私の最大の任務はダニエルとうまくやることでした。本社への状況報告、ホリバフランスへの貢献、そして自分自身の成長のバランスも取りながら、なんとかダニエルとうまく業務を進めていかなければなりません。ダニエルは、アフリカでの軍隊経験もあって筋金入りでしたから、何かにつけて、私と言い合いになると「オレの腹には、アフリカで拾って来たモジャモジャの虫がいっぱいいるのさ！」と脅《おど》すのが決まりでした（笑）。

当時はものすごく神経を遣い毎日、胃薬を3種類も飲むほど、とても辛《つら》かったのです。でも、会社のためにと考え、新しい経理システムや在庫管理システムを導入させるなど、成果を残していきました。

私は小さい頃から、厳しい家庭環境で育ったおかげか、困難があるほど頑張ろうとするところがあったと思います。みんなが嫌うような手強いダニエルが相手でも、なんとか努力すれば、きっといつかは味方になってくれるだろうと信じていました。

一番心がけたことは、ダニエルがどうしたら喜んでもらえるのかということを必死になって常に考えて行動することです。決しておべっかを言って調子者になることではありません。日本人が一人きりという海外で、とにかく必死に理解し合おう、一緒に助け合おうという一心があったからこそ、逆境を乗り越えることができたと思っています。

私はフランスでの3年間の体験が、さらに自分を強くしたと感じました。日本で働いていては絶対に味わえないことばかりです。**ほかに頼る人がいないという過酷な環境で頑張れたことは、ほかでは得られない貴重な体験になった**と思っています。

とても密度の濃い時間でした。どんな場所にいても、人が何をすれば喜んでもらえるのかを真剣に追求して行動に移せば、相手の心を動かし、物事がうまく運ぶようになると思っています。

今、自分の過去を振り返ってみても、このときの3年間ほど大変だったことはありませんでした。しかし、このときの経験のおかげで、その後の苦難も自分なりに楽しく向き合うことができたと思っています。

まさに、ＧＵＴＳ（ガッツ）。

逆境を経験すればするほど、このＧＵＴＳ（ガッツ）が培《つちか》われ、大きく強くなっていくはずです。

◉「留学は就職に不利？」の定説が変わった!!

私は、海外で経験した逆境を通して、自己成長するためには自国から飛び出して、世界でいろいろな経験をすることが大切だと思っています。

今から3年ほど前まで、日本企業は留学経験のある若者など見向きもしませんでした。しかし、ここ最近、急にグローバル化が進んだことで、「留学が就職に不利」という定説が変わってきたようです。

従来の春の新卒一括採用では、留学を終えて帰国するタイミングでの留学生を採用することはほとんどありませんでした。また、学生はそういう理由から、留学したくても就職のために留学をあきらめるということも多かったのです。

しかし、２００８年のリーマンショック以降、日本でもグローバル化が加速してきたため、夏と秋にも採用をする企業が増え、通年採用という企業も出てきました。留学や海外での経験が高く評価され、採用につながっているケースが増えてきたのです。最近では、大学の秋入学の話題も大きく採り上げられています。

あるニュース番組では、ユニクロを展開するファーストリテイリングが２０１２年から通年採用を取り入れるという報告をしていました。

会長兼社長である柳井正氏は、会社説明会で次のように熱く語っています。

「世界中どこへ行っても、仕事ができる社員に来てもらいたい。チャレンジしない人生なんて人生じゃない！　通年採用で、よりよい人材が来ることも考えられる。じっくりお互い会社選び、人材選びに取り組めてよい」

外国人採用だけでなく、いい人材を探すための努力を積極的にしているのがうかがえます。

また、2011年11月5日号の『週刊東洋経済』では、次のような記事が掲載されていました。

長年、留学生のコンサルティングを行なうディスコの桑原博之《くわばらひろゆき》副カンパニー長兼キャリアリサーチグループ長は、「日本に帰国した留学生の中には、海外の就活最前線で一流の学生と戦って負けた学生も多い。それでも国内の学生よりは何倍も優秀なケースが多く、日系企業にとって魅力的な人材として映ることが多い」と言っています。

（出典：2011年11月5日号『週刊東洋経済』）

むしろ、**留学経験者が有利になってきた**と言えるでしょう。

今後、さらにグローバル人材を求める動きが活発化してくると思います。もちろん、ただ語学力ができるだけの人材ではなく、コミュニケーション能力の高い意欲的な人材が必要とされます。私は、日本人の若者に、これからの就職戦線をたくましく勝ち抜いていってほしいと思います。そして、ゴールは入社することではありません。

その先の行動力、対応能力が、今後の人生のカギを握ることになるでしょう。

◉世界で求められるサバイバル力のある人材

さて、この章で述べてきた通り、これからの日本ではさらにグローバル化が進み、たとえ国内だけで仕事をしていくにしても、海外や外国人との関わりは避けて通れなくなってくると思います。

多くの日本の企業が、国内市場の縮小化に伴い、グローバル化を迫られることは確実です。そのためには、将来の日本を担う若者たちがグローバル化に対応できる素養を早いうちにしっかりと身につけておく必要があるでしょう。

もちろん、これは就職活動をする学生に限ったことではなく、既に社会人となっている若者にも、我々のような管理職に立つ世代の人間にもみんな必要になってくることです。とにかく、こうした危機感にまず気づくことが大切です。

ここで、国連スタッフに求められる能力（Core Competencies）をご紹介しておきます。和訳は私がつけさせていただきました。

1. コミュニケーション（Communication）
2. チームワーク（Teamwork）
3. 計画と組織化（Planning & Organizing）
4. 責任（Accountability）
5. 創造力（Creativity）
6. 顧客対応（Client Orientation）
7. 継続的学習習慣（Commitment to Continuous Learning）
8. 専門分野での認識（Technological Awareness）

（出典：国際連合ホームページ）

世界の国連ですから、ここに書かれているものはまさにグローバル人材の条件と言っても過言ではありません。例えば、20歳の頃の私がこれらの項目を意識して努力していたら、もっと早い時期にいろいろと成果が出たのだろうと思います。

だから、ぜひ今の若いみなさんにも、こういう認識に早く気づいて生きていってもらえたらと思います。

この中で私が注目するのは、「創造力」と「継続的学習習慣」です。

「創造力」があるということは、広い視野と柔軟性を持っていることだと思います。まさに、白紙に絵が描ける自由度があるということです。スケール感が大きく、伸び伸びといろいろな体験をしてきた人には備わっている能力だと思います。

「継続的学習習慣」も、日々努力をたゆまないという点で、大変共感できます。何事も貪《どん》欲《よく》に吸収しようという気持ちがあれば、いくつになっても人間は成長できるのです。

私はこの国連の適性能力を踏まえて、これからの未来を生き抜くための新たなグローバル人としての条件を考えてみました。

1. 専門的な資格、技術、知識
2. 英語力をはじめとする語学力
3. 異文化への共感力・理解力
4. 異文化環境への順応力
5. 世界的な視点、広い視点
6. 異質な集団でのリーダーシップ

7. 困難を自分の力で乗り越える自立心
8. 自分の意志でやり遂げる意志力

以上、8つの力です。この中には「GUTS（ガッツ）」の意味合いもしっかり含まれています。

これまで、私は若者の内向き指向、ぬるま湯社会、迫るグローバル化について述べてきました。メディアでも同じような警鐘を鳴らしながらも、実際にその解決策がほとんど示されていないことに疑問を感じています。私は評論家ではありません。一人の日本人として、一人の父親として、一人の学習塾経営者として、一人の留学経験者として、自分自身、この問題に対し真剣に取り組んでいきたいと考えています。

若者だけでなく、大人も一緒に「積極的に外へ出よう！」と意識改革していかなければいけない時代です。

内向き指向について議論することはそろそろやめにして、短期間で実現するための取り組みや行動へシフトチェンジしていきましょう。

第6章

グローバル時代の新しい「留学」という道

◉「留学道」という新しい道場

日本には古来から伝わる「○○道」という伝統的な思想があります。「武士道」は、鎌倉時代から江戸時代にかけて発達した日本の武士階級における道徳。「華道」は、花を生けることで精神の修養をする芸道。「茶道」は、鎌倉時代から始まった茶の湯によって精神を修養し礼法を究《きわ》める道。

どれも、日本人特有の美学や深い精神性を表わす素晴らしいものだと思います。

私は、この道の中に、新たに「留学道」という思想を提案したいと思います。

ある一つのことを通して、多くを学び、時間をかけて修練しながら、自分自身を高めてゆく。まさに「○○道」という日本的な深い価値観に、留学はぴったりと当てはまるものがあると考えているからです。

「留学」という言葉自体にはいろいろな定義があり、人によってさまざまな固定観念があると思います。いわゆる語学留学から始まり、短期のホームステイ、ワーキングホリデー、社会人のインターンシップ留学、青年海外協力隊のようなボランティア活動まで、幅広い種類があります。

もちろん、それぞれ特色や違いはあるのですが、そのような狭い定義を超えたところで、人生の修行場としての「留学」をイメージしていただきたいと思います。

留学＝語学を身につける、という単純な定義ではありません。**留学によって身につくいろいろな経験を通して、「人生にさらなる喜びが生まれ、人生を豊かに彩《いろど》る力」を伸ばそうというのが「留学道」**なのです。

師匠は、留学先の環境や人間関係。道場は、留学先の土地。教本は、留学先で経験することすべてです。

ちょっとイメージしづらいかもしれませんが、たんに語学勉強のための留学とか、資格を取るための留学ということではなく、前章で述べてきたような心構えを持って、留学に臨むというのが大切だと思っています。

花をただ生けるだけでは「華道」にはなりません。花を生けることで、精神の鍛錬、修行を積むというところが違うのです。

きちんとした目的意識を持ち、自らの修練の場、自己実現の場、自分を成長させる場として留学に臨むということで、成果は大きく変わってくるでしょう。

私は静岡県浜松市で学習塾を経営する中で、「ＩＳＣ留学ｎｅｔ」という全国の学習塾の留学支援組織をつくり、留学のあっせん、支援、手続きを通して「留学道」へと子どもたちを導く仕事もしています。ここ数年、塾に通う子どもにも親御さんにも、「留学は道場」ということをよく伝えるようになりました。と言っても、その流儀をちゃんと伝えて、親も子もコーチングするということまではしません。あくまでも、留学道を体験するのは子ども自身だからです。

やはり実際に留学してからが、勝負なのです。親御さんにとっては、子どもを育てる新たな教育の選択肢の一つとして、留学道を考えてもらえたらと思っています。

留学でグローバルな感覚が養われるということを感じている人は多いと思います。しかし、それだけではなく、自立心を養う、協調性を身につける、親に対する感謝の心を持つなど、さらに奥深い精神が身につくということを、もっとみなさんに知っていただきたいのです。

留学について、ネガティブなイメージを持っている人もきっといるでしょう。数か月外国に行ったけれど語学がマスターできなかったとか、現地で日本人と仲良くしたために、あまり海外に行った意味がなかったとか、帰国後の就職に活かせなかったなど、いろいろと失敗談もあると思います。

しかし、それはたんに留学というツールをうまく消化できなかったにすぎません。自分の意識次第で、留学は素晴らしいものになり得る、ということにもう一度気づいてほしいと思うのです。

もっと奥深くて、それでいてニュートラルなイメージと言ったらいいでしょうか。私はそのスピリットを持って、留学という「道」があるということをみなさんにお伝えしていきたいと思います。

「ＩＳＣ留学ｎｅｔ」から留学した生徒に、こんな子がいました。

彼は大学受験に失敗し、浪人して勉強をしていました。

私が「留学道」のことを話すと、「そうですか。私も日本の大学に行って、バイトして遊んでいるだけでは大学生じゃないと思っていました。世界に飛び出して、厳しい中で、いろいろなことにチャレンジしなければいけないですよね」とだんだん意識が変わったようで最近、日本の大学受験をやめて留学をし今、四苦八苦の留学生活を送っています。

もちろん、日本の一流大学のレベルはまだまだ高く、価値は高いのです。しかし、とりあえずどこでもいいから大学に行ければよいといった状態であれば断然、海外留学することをお勧めします。それは私自身も感じてきた、海外での「学び」が非常に大きいことを知っているからです。自分の育った環境を離れ、文化も生活習慣も違う土地に行くということは、大きな修練の場になるからです。

大人になってしまえば、学歴よりも、その人の人間性や実力が勝負になってくるのです。

90年代、そしてつい最近まで、留学は就職に不利だと言われていました。留学を経験し、有能なスキルやキャリアを持った学生が、日本でうまく力を発揮できなかったり、自己主張が強くて組織になじめず、悶々とストレスをためたということもあるでしょう。

でも、2010年以降、グローバル化の波に合わせて、日本もようやく変わってきました。そう、今までは日本が時代の波に乗り遅れていたのです。

今こそぜひ、この「留学道」という新しい道を通して、日本の明るい未来へとつなげていってほしいと思います。

◉「留学道検定」にチャレンジしてみよう！

さて、「留学道」と一言で言っても、漠然としていてまだよくわからないという方もいるでしょう。留学で得られるものは、内面的な成長であり、目に見えにくいものだからです。

そこで私は、留学のさまざまな効果を目に見える形で表現し、留学経験者が実際にどんな力を身につけたのか、また、今後伸ばさなければいけない課題など、具体的に伝えられる仕組みを考えました。

それが、「留学道検定」です。

2012年初めからオープンしたホームページでは、誰でも自己判定で検定を受けることができます。「ISC留学net」のホームページからもリンクで飛べるので、ぜひ気軽に試してみてください。

留学したことのある人には、言語力、コミュニケーション能力、ポジティブ力、地球人力、問題解決力、専門知識、実感チェック、検定結果の順で各項目にチェックを入れていただきます。

●言語力

留学先の言葉や言語力。生活をする上で必須の語学力を調べます。

●コミュニケーション能力

人種・文化・価値観などをお互いに尊重しながらコミュニケーションが取れるかどうかを調べます。

●ポジティブ力

上向き・外向き・前向きに考え、積極的な行動ができるかを調べます。

●地球人力
同じ地球に住むヒトとして世界的な視野・視点で、ものごとを見られるかを調べます。
●問題解決力
自らの課題を見極め、チームで、またリーダーとして課題解決ができるかを調べます。
●専門知識
ものごとを多角的な視点でとらえ、専門的な知識を活かすことができるかを調べます。
●実感チェック（挫折感、再認識）
留学で感じる挫折感、留学することで再認識できたことをチェックします。

現在、級外から師範までの14段階に設定されていて、希望者にはライセンスカードも発行します。三段以上の方は小論文を提出することで、さらに段位認定証を受けることもできます。

段位は次のようなレベルで設定されています。

級外……海外での暮らし・学びは、すべてあなたの力になります。頑張りましょう。
三級……留学道の入り口です。

二級……留学の価値をあなた自身が自らの体験を通して実感し始めた頃です。

一級……留学道とは何か……少しずつわかり始めた頃です。

初段……留学中の辛《つら》さ・大変さを乗り越えて多くのことを学んだと実感できたことでしょう。


二段……留学して本当によかったと思っているに違いありません。

三段……あなたの人生において、留学が大きなウェイトを占めているはず。

四段……周囲からもあなたのグローバル力が魅力として伝わり始めるはず。

五段……今の自分があるのは留学したからだとも言えるレベルです。

六段……留学で学んだことが、あなた自身の「生き抜く力」になっているはずです。

七段……留学で培った魅力を、外部に向けて発信できるレベルです。

八段……留学が人生でかけがえのない力を与えてくれることを実感できるレベルです。

九段……留学道の頂点に近づいています。

師範……留学道を極めました。今後は一人でも多くの若者を世界に羽ばたかせる立場です。


（出典：日本留学道研究会・留学道ホームページ）

この検定は、グローバル人として自己認識できる一つの目安になると思っています。いつか履歴書にも書けるような検定として広まっていけば、私も本望です。ぜひ、ご自身の意識チェックとしてもお試しください。

◉留学で得られる力、失敗するワナ

この本を読んで、「留学道」に興味を持っていただいた方、または留学について、まだ不安やわからないことがあるという方のために、留学で得られるメリットとデメリットについて改めてお話していきたいと思います。

以前、「ＩＳＣ留学ｎｅｔ」から送り出した学生と社会人に、インタビューをしてみました。

まず「留学をしてよかったですか？」の問いには、回答者全員が「留学して本当によかった。日本にいたら、今の自分はいない」とはっきりと答えてくれました。

さらに、「留学をして何を得られましたか？」という質問には、次のような共通した回答が得られました。

●自分の力で物事をやり遂げる「自立心」
●相手の考えを尊重しつつ、自らの意見や意志をはっきり持つ「共感力と意志力」
●さまざまな人とのふれあいを通して、日常の世界で得られる「コミュニケーション力」
●陽気さあふれる海外で得た前向き、上向き、外向きな「明るさとポジティブさ」
●海外の文化にふれることで得られる「世界的な視野・視点」
●留学へ行かせてくれた親への「感謝の気持ち」

そして、最後に……

●「英語力」

最後に「英語力」とありますが、どの留学経験者もみんな最初に挙げた人はいなかったのです。つまり、**語学力以上に得たものが非常に大きかったことの現われ**だと私は思います。

では、留学のデメリットについてはどうでしょうか？

これについては、私自身、正直言えばデメリットはほとんどないと思っています。でも細かい点で、それぞれ価値観や感じ方の違いもあると思いますから、まったくないとは言えないでしょう。

一般的な留学でのデメリットとして、次のようなものが挙げられます。

●日本の大学に比べて卒業するのが大変
●日本語の言語感覚が鈍る
●日本人同士で固まり、英語が上達しなかった
●住居トラブルや治安に関する不安がある
●食生活や生活習慣の違いからくる体の不調やストレス

デメリットとは違うかもしれませんが、ニュージーランドの学校視察に行った際、留学中の女子学生との対談でおもしろい発見がありました。

「もし、あなたが日本の大学に進学していたとしたら、留学している今のあなたと比べてどんな違いがあると思いますか？」という質問に、

「留学して2年になりますが、先日2年ぶりに帰国をしたとき、多くの友だちをなくしたと感じたんです」と答えました。

私は一瞬「え？」（質問の内容と違うんだけど……）と感じましたが、彼女は続けてこ

う言いました。

「この2年間、英語は好きだったとはいえ、右も左もわからない環境の中、課題やレポートの提出に追われ、ひたすら英語や授業の勉強をせざるを得ない状況でした。この期間、なんでこんなに苦労するのだろうと思ったり、悩んだこともありましたが、先生や友だちに支えられながら、なんとか乗り越えて今に至っています。2年ぶりに帰国した先日、多くの日本の高校時代の友だちに会いました。日本の大学に通っている彼らは、いかに楽しく大学生活を送るか、簡単に単位を取れる授業をいかに選ぶか、カンニング方法の話で盛り上がっていたんです。そんな『楽《らく》』を求めるだけの話の内容に、本当にがっかりしてしまいました。

ニュージーランドでの友だちの話とはまったく違います。もちろん、楽しい話、愉快な話題も事欠きませんが、将来の話、どのように宿題をこなせばよいか、といった大変だけど前向きな話が普通です。それに、ここにいる学生のほとんどは、『私は本当に頑張っている！』という自信を持っていると思うんです。

申し訳ないけど、日本の友だちとは話が合わなくて、『昔の友だちは失っちゃったなぁ』と残念に感じてしまいました」

私は彼女の話を聞いて、留学を通して得た「厳しい社会を生き抜いていく覚悟とその力の大きさ」に感動を覚えました。今まで多くの留学生を送り出してきていて、最高のプレゼントをもらったという気がしました。

日本の友だちを失ったことは一見デメリットかもしれませんが、人生の本当の友だちは失ったことにはならないでしょう。

たんなる**「英語ができるようになりました」では終わらない、「留学の本当の価値」を思い知らされた**出来事でした。

ところで、留学後に気をつけてほしいポイントがあります。実際に留学するのはお子さん自身ですが、送り出す親御さんの対応で留学の成果が変わることもあるのです。

私がこれまで見てきた留学生の親子で、「子離れできない親」と「親離れできない子」の姿がありました。

例えば、留学先の子どもがホストファミリーの家に帰宅すると同時に、パソコンでスカイプ（インターネットテレビ電話サービス）をオンにする。そして、子どもが寝るまで、回線をつなぎっぱなし。これを毎日しているというわけです。

またほかの例では、子どもの使うお金が多いので、その理由を学校で調べてほしいという親御さんもいらっしゃいました。子どもですから、お金があれば後先考えずに使ってしまうこともあるでしょう。そんなことを調べるまでもなく、親は仕送りしなければいいのです。とにかく厳しく対応すべきです。

このように、せっかく留学という大海原に送り出しても、親が過剰に心配することで結局、離れていても干渉し合う、手助けしてしまうという悪循環が発生し、互いに依存し合ってしまうという危険があるのです。

子どものことが心配になる気持ちはわかりますが、遠いところからしっかりと見守りながらも、あえて取れる連絡も取らず、少し放っておくくらいの大きな気持ちで見守ることが大切です。

親は、子どもの成長を信じて待てばいいのです。

子どもは、親が遠くで応援してくれていることを信じて頑張ればいいのです。

たんに留学に行かせただけでは、決して成長するものではありません。「留学」という道で、どう修練できるかは、やはり互いの意識が重要になってくるのです。

留学がメリットになるのもデメリットになるのも、すべて心構えひとつで変わるのです。

◉意外と安い？　海外留学費

ここでは、留学の具体的な仕組みや内容について詳しく見ていきたいと思います。もしこれから留学を考えている方は、ぜひ頭の中でイメージしてみてください。

まず、留学と一言で言ってもさまざまなパターンがあります。

●期間

１週間くらいの短期語学研修から、１年超に及ぶ長期の語学研修。数年にも及ぶ高校・大学・大学院、またはスポーツや芸術分野での長期留学があります。ワーキングホリデーなど、国によって滞在期限などが限られたものもあります。

●スタイル

１週間程度の短期間、海外の家庭に滞在するホームステイや、中・高・大・大学院・専門学校などの専門分野を学ぶ留学、語学を学ぶ語学留学、親子で海外に居住しながら学ぶ親子留学など、さまざまなスタイルがあります。

●留学先

アメリカ、カナダ、イギリス、オーストラリア、ニュージーランドなどメジャーな英語圏主要国のほか、フランス、スペイン、ドイツ、イタリアなどの非英語圏もあります。また、英語圏でも、アイルランド、マルタ、フィリピンなどのマイナーな国を「言語」で選ぶ留学から、サッカーやテニス、美術、音楽などの専門や目的で国を選ぶ留学もあります。

●留学費用

語学留学、そして、大学留学でも、夏休みなどの長期休暇を除く1学年の学費と食事付滞在費を含めて、１２０万円程度（２０１２年秋の為替レート程度で）から実現できます。高校留学は１４０万円程度からと少し高めになります。

私立のトップ校などでは、年間数百万円かかるような留学もありますが、日本での進学と十分同じ土俵で比較できるような金額で留学が実現できます。

次に、多くの方々が大学までの進路として検討される高校・大学・語学などの、半年以上の長期留学について簡単に説明します。

● 大学

日本と同様、4年制大学や2年制大学（短期大学）、国によっては3年生の大学に進学する留学です。

ほとんどの日本人学生は英語のハンディがあるために直接、それらの学校の正規の授業を受けることが難しく、事前に目的の大学や短期大学の付属研修施設などで英語の研修を受けて、必要な語学力を身につけてから正規課程に移るケースが主流です。

留学前に、日本の英検3級程度（中学卒業程度）の語学力があれば、大学や短期大学に留学することができます。

留学費用は、授業料と滞在費で年間120万円程度から。

親元を離れて一人暮らしで日本の大学に進学するよりも、安いケースが多いのです。

また、世界のトップレベルで活躍するためのアメリカやイギリスのハイエンド校（上位校）への留学から、さまざまな問題で日本の高校を卒業できなかった学生でも入学可能な学校など、日本の教育システムにはないユニークで価値のある仕組みを持った学校を探すこともできます。

●高校（中学）

日本の高校に相当する3学年を、3年間で卒業する一般的な留学（卒業留学とも呼ぶ）や、高校2年の1年間のみの留学をしてまた日本の高校に戻る単年度留学があります。また、日本の高校2年、または3年から海外の高校に編入をする編入留学（その後留学先で卒業することも可能）などがあります。

大学留学と同様、語学力のハンディをさまざまなパターンでカバーをして正規課程を修了します。そうしたさまざまな語学力に対応した語学サポートはもちろん、現地で保護者代わりをする日本人の現地生活サポートなど、不安材料を極力減らしながら、英語文化の中での有意義な高校生活を送ることができる支援体制が用意されている場合もあります。

また、海外に2年間以上留学をして帰国した場合、「帰国子女枠」で受験することができるなど、場合によっては大変有利な条件で日本の大学を受験することができます。

最短18か月で日本の高校の3年間に相当する課程を終了する学校や、全寮制で心身をトータルで鍛えられる学校、世界のトップ大学への入学を目指す学校、のんびりとした環境で高校生活を送ることができる学校など、さまざまなタイプの学校を世界中から選ぶことができます。

なんらかの問題で日本の高校に通えなかったり、卒業できなかったりした学生が、海外の高校で力を発揮するケースも少なくありません。

●語学学校

1週間程度の短期から、1年に及ぶような長期間の語学研修まで、さまざまな語学研修プログラムをいろいろな国や地域で学ぶことができます。

一言に語学留学と言っても、それぞれの国や地域、街によって、また現地の人々との交流などによって、結果として得られるものは大きく違います。

ほかに、就職や大学等への上位校への進学のために、以下のような長期語学研修も多くなっています。

・大学や高校を卒業したのちの半年～1年程度
・大学を休学しての1年間
・社会人経験後、退職して1年程度語学研修し再就職に備える
・英語だけでなく、さらにビジネスの専門コースを学ぶなどの1年留学

以上、大ざっぱに留学の説明をしましたが、いかがでしたでしょうか？
一口に留学と言っても、こんなにたくさんバリエーションがあるのです。

もちろん、まだまだいろいろな留学の形があると思います。費用や時期の問題などいろいろとあるでしょうから、じっくり考えて一人ひとりに合ったスタイルを検討してみるとよいでしょう。

◉「なんとかなるさ」を「なんとかするぞ」に

この章の最後に、私のアメリカ留学の経緯をお話したいと思います。17歳の頃、アメリカへ３か月間の短期留学をした、私にとって初めての海外生活です。きっかけは、高校2年のとき。椎間板《ついかんばん》ヘルニアで入院し、ちょうど留年が決まったことからでした。

私は漫画の『週刊少年ジャンプ』が大好きで、毎週楽しみに買っていたのですが、あるときうしろのほうのページに小さな広告を見つけたんです。アメリカのホームステイに関する情報が載っていて、興味を持った私は早速問い合わせをしました。「どうせ留年するんだったら、アメリカに行ってみたい！」と思い立ち、両親を必死に説得しました。

私の家庭は決して裕福ではなかったので、最初は反対されました。ただ、ちょうど兄も姉も社会人として働いていた時期だったので、なんとか説得した末、許してもらったのです。費用としては、ホームステイや諸経費で１００万円程度だったかと思います。

両親には手間をかけないようにと、全部自分一人で手続きしました。必要な書類を用意し、大使館へのビザの手続きも一人で行ないました。とにかく、新しい世界に行きたいという熱意とパワーがあったんだと思います。

当時はとにかく留学に関する情報が少なかったですし、今のようにインターネットもない時代ですから、いろいろと不安はありました。でも、自分で段取りをし、海外留学をやり遂げたことで、数多くのことを学んだと思っています。

アメリカに行ったときの話は、これまでいくつかエピソードを紹介してきましたが、今振り返ると、本当にあのとき行ってよかったなぁと感じます。その後の海外でのビジネス経験もすべて私の血肉になっています。

もともと好奇心旺盛であちこち出かけるのが好きな子どもでしたから、怖いもの知らずなところはあったのですが、行動してみることの大切さをつくづく感じます。

そして、何より私の宝となっているのが、**留学で得た「なんとかするぞ！」という強い自立心**です。

「なんとかなるさ」という言葉もありますが、私はその言葉で安心しているうちは、なかなか自分が成長できないと思っています。そういう他力本願の意識が一番よくないと思うのです。

子どもの進路でも同じことがいえます。

具体的な夢や目標が決まっていない場合でも、「とりあえず、どこの大学（専門、高校）でもいいから出ておこう」、「大学を出ていればなんとか就職できるさ」という考え方では、これからの社会においては通用しない、甘さを思い知らされることになるだろうと思います。

大学で一人暮らしを4年間したとしたら、理系で1000万円、文系で800万円近くも費用がかかるといわれています。その大事な大金は、親御さんが汗水流して稼いだお金です。そのことをよく考えて、もう一度進路について考えてみるとよいでしょう。

特別思い入れのない日本の大学に行くのと、海外の大学（決して名が通っていなかったとしても）に行くのと、どちらか選ぶとしたら、私は間違いなく海外をお勧めします。その理由は、まさにこれまで述べてきた、いろいろな「力」が身につくからです。勉強だけでない部分の「学び」に非常に価値があるからです。

もちろん、留学だけが解決策ではありません。国内の学校でもきちんと学んで資格を取ったり、目標に向かって頑張っていくことはできると思います。国内の大学も一流の学校は今でもレベルが高く、大きな価値があります。

しかし、ただ大卒という肩書きだけのために、どこの大学でもいいやという漫然《まんぜん》とした気持ちで進学し、漫然とした気持ちで社会に出るということは、残念な結果を生むことにもなりかねません。

親御さんも、「そのうち日本の景気もよくなる」、「企業の採用もまた増えてくるだろう」なんて考えていたら、手遅れになります。今、お子さんが中学、高校生だとしたら、彼らが社会に羽ばたく頃には、さらにこの状況の厳しさが増す可能性もあります。

やはり一人でも多く、日本のみなさんがこの危機的状況に気づき、自分の力で日本の未来を変えていこうという強い気持ちが必要だと思います。

先輩留学生からの声 VOICE vol.1

松永眞侑 さん　Mayu Matsunaga

【単年度高校留学】

自分で選んで、自分で進む力をもらった

Q. 英語は得意だったのですか？

私は 10 か月間留学していましたが、英語がまったくできない状態からのスタートでしたので、授業についていくのはとっても苦労しました。でも、10 か月いると耳が英語慣れしてきて日常会話も普通にできるようになります。英語のテレビニュースも聞き取れるようになったのは自分でも驚きでした。

Q. 留学期間中にチャレンジしたことはなんですか？

学校でチーム別研究というものがありました。私のチームのテーマは「日本刀の研究」で、その歴史を研究し、まとめました。アメリカ人は日本の文化に興味があるようでとても注目され、学校のある学区ではこの研究がトップに選ばれたんです。あと少しで州 1 位だったのですが、惜しくもほかの研究にリードされてしまいました。州 1 位を逃《のが》したのはとっても悔《くや》しかったですが、何にも代えられない思い出です。

Q. 留学で得たものはなんですか？

日本にいたらいつでも家族が手を差し伸べてくれます。でもそれは甘さでもあると思います。私は 1 年弱の期間の留学でしたが、自分でなんでもやらなければいけない環境に身を置いて自立心が芽《め》生《ば》えたと思います。自分で選んで自分で決めていく、これからの自分に必要なものを学んだと感じています。

先輩留学生
からの声
VOICE vol.2

小川綾乃 さん Ayano Ogawa

【大学留学】

何物にも代えがたい自分を表現する力

Q. 留学をしようと思ったきっかけを教えてください。

アメリカ留学に行っている先輩から、アメリカでの生き生きとした留学生活の話を聞かされ強く感化された、というごく単純な理由でした。

Q. 英語は得意だったのですか？

正直、英語力がゼロに近い状態で留学しました。でも、生活する上でのコミュニケーションは数か月でできるようになりました。

Q. 留学経験がどのように活かされていると思いますか？

留学で学んだことは英語力だけではなく、ポジティブな気持ち、広い視点で物事を考える意識、円滑なコミュニケーション能力、違う文化や考えの理解とたくさんあります。

留学中に自然と身についたことが確実に仕事に活かされています。一つは「笑顔」。アメリカでは笑顔での挨拶が基本です。人の第一印象は３秒で決まるといわれていますが、自然な笑顔がパッと出せるようになり、相手に明るい印象を与えることができるようになりました。

もう一つは「人脈形成」。日本では「さようなら」、アメリカでは「See you again」（また会いましょう！）が基本です。出会った人たちとあっさりした関係で終わらないで、一人ひとりの出会いを大切にするアメリカ流が、私の日本での人脈形成に大きく役立ちました。

最も大きいのが「自らの言葉を発信するチカラ」。留学中はとにかく自分の目で見たことや触れたことを、自分の言葉で伝えなければならない環境にあります。「誰かが言っていた」ではなく、「自分はどう感じている」をストレートに表現できるチカラは、フリーアナウンサーという仕事で大きく役立っています。

Q. 最後にこれから留学を考えている人にメッセージをお願いします。

私の留学のきっかけは正直、大きな目的はなく留学への憧《あこが》れだけでした。しかし明確な目的がなかったとはいえ、留学という経験を経て社会で役立つ一生ものの多くのことを学んだと思います。きっと日本では一生体験できないことができ、社会に出たときに大きく役立つ力を自然と身につけられると思います。

先輩留学生
からの声
VOICE **vol.3**

中本育代 さん Ikuyo Nakamoto

【大学留学】

自分の言葉で語れる体験が留学の醍醐味

Q．留学をしようと思ったきっかけは？

中学３年生のときにシアトルにホームステイしたのがきっかけです。そのときお世話をしてくれたホストファミリーが非常にいい方だったのですが、最初の海外だったこともあり、うまくコミュニケーションが取れなくてすごく悔しい思いをしたんです。そのもどかしい思いがいつの間にか、「海外でもう１回チャレンジしたい！」という気持ちになっていました。

Q．実際に行ってみてギャップを感じたことはありましたか？

私が留学したところは、自然がいっぱいある生まれ育った街と雰囲気が似ていたこともあって、自分で思っていた以上にリラックスして過ごすことができました。

Q．留学中に一番苦労されたことはなんですか？

ずばり、和製英語が通じないことです。自分では言いたいことを言ったつもりでも、「ああ、きちんと通じていないだろうな」と思う瞬間が何回もありましたね。語学学校では、正確な英語を話すのは先生だけなんです。しっかりと相手に意思が伝わる英語を少しでも早く話せるようにならないといけないと思いました。きちんと会話ができるようになるまでには、半年ぐらいかかりましたね。

Q．最後にこれから留学を考えている人にメッセージをお願いします。

留学すれば楽しいことばかりかというと、必ずしもそうではないと思います。正直、甘くないですし、手を差し伸べてくれる人はいません。

アメリカ人だけでなく、さまざまな国の人が集まっていて、みなさん、それぞれに目標を持って学んでいる。そんな環境の中で生活しながら、私は必死に自分が留学することの意義を見いだそうとしました。結果、自分の変化を自ら実感することができました。やらされている感覚でない勉強はこんなにも楽しいのか、という発見もありましたし、行なって培ったものはあらゆる場面で今の自分にプラスになっています。

今の時代はいつでも情報が得られる環境ですから、みんな知識だけはすごくある。でも実際に経験することでしかわからないことってあると思うんです。自分が経験したことは、何よりも力があります。留学はそういうリアリティを身につけられる貴重な経験だと思います。

Column

親子関係は距離ではなく
コミュニケーション

私の息子はアメリカの大学、大学院へ留学して６年になります。留学は本人の意思で、それを私たち親もサポートしました。周りのお母さんたちと話していると、帰国後の就職を心配して留学をあきらめたという人がたくさんいます。しかし、これだけグローバル化が進み、国内企業でも国際人が求められているときに、どうして世界へ目を向けないのだろう、内向きになるのだろうと不思議に思います。

留学してから、息子は必死に勉強と格闘する日々。海外に行って、「日本のこと、自分自身のことを深く考えるようになった」と言っています。世界中からいろいろな学生が集まってディスカッションし、異文化に触れ、真剣に自分を見つめ直す機会が増えたようです。日本の文化や歴史の本を読んでは、改めて日本についても勉強しているそうです。異文化の中で緊張感を持ちつつ学生生活を送ることにより、人間的にもたくましくなっていることは親としてうれしく思います。

例えば、食文化一つとっても大きな違いがあります。アメリカの大学ではピザやハンバーガーなどファーストフードの食事が多く、親としては食生活も心配でした。しかし、自分でも料理するようになって、息子がアパートでカレーをつくったら、ルームメイトのアメリカ人に「こんなにおいしいものは食べたことがない！」と驚かれたそうです。一つひとつ自分で解決しつつ、多文化の仲間と共に生活していることは、息子の人生にとってかけがえのない貴重な体験だと考えています。

みんな同じという安心感に浸《ひた》っていると、見えてこないものがたくさんあるように思います。将来のことを考えると、日本の若者が一人でも多く広い世界に羽ばたいて、実際に多様な文化や人々に出会い、そして自らを見つめる機会を持ってほしいと切に願っています。

もちろん、親にとって知らない場所へ子どもを送り出すのは不安なことです。でも、やみくもに心配するのではなく、不安を取り除く努力をすることも必要でしょう。情報をきちんと把握《はあく》せずに、「海外は治安がよくないから」、「就職に困るから」と先入観を押しつけてはいませんか？　日本にいても危険はあるし、志望する会社に就職できない場合もあるでしょう。まずはできるだけ情報・助言を集め、可能であれば大学の見学ツアーなどに参加することで、目に見えない不安を親子共々消してゆくと同時に、本人には自身の責任と判断で生きていくという強い意識を持ってほしいと思います。

子どもと離れることに抵抗のある親御さんもいるでしょう。しかし、とくにネット社会では親子関係に距離は関係ありません。むしろ、離れていることでいろいろなことに気づかされ、きずなが深まることもあります。まずは、子どもを信じること。次に、適度なさじ加減で連絡を取ること。心配しすぎ、放任しすぎも禁物。子どもから連絡がないときは「元気にやってるんだ」と思ってやり過ごし、少し様子が変だなというときはタイミングを見て言葉をかけるようにしています。

どんな場所にいても、親子互いにバランスよくコミュニケーションを取り続けることが大切だと思います。

（静岡県三島市在住・清水裕子さん）

第7章
世界中から声がかけられる日本人に

◉日本の品質、サービスは素晴らしい！

私は、ＮＨＫの『かんさい土曜ほっとタイム』というラジオ番組の「ぼやき川柳アワー」のコーナーが好きでよく聴いています。

ここで、私がフランスで海外赴任していた頃にとっておきの川柳をつくったので、ちょっとご紹介したいと思います。


「ジェネセパ」と言えば　すぐに引き下がり

ジェネセパというのはフランス語の「Je ne sais pas」で、「私は知りません（わかりません）」という意味です。実はこれ、フランスでの仕事の様子を皮肉ったものなんです。

フランスでも、トップレベルの社員の場合は違いますが、全般的・平均的にフランスより日本のほうが仕事に対するプロ意識が高いと感じました。

私がフランス赴任をして間もない頃、会社の社員に何か質問しても「ジェネセパ」と言う返事が多く、とてもびっくりしたことを覚えています。日本ではそんなに簡単に「さぁ、わかりません」とは言わないからです。

つまり、日本の真面目で真剣な取り組み方とはまるで違うんですね。自分がわからないことでも、誠意を持って「申し訳ありません。少しお待ちください」とすぐに調べて対応できるように努力をしたり、知らないことは勉強不足だと感じて反省したりします。

フランスでの体験

しかし、ひとたびフランスで「ジェネセパ」と言われれば、私は「これ以上聞いても仕方ないなぁ」と引き下がるしかなかったのです。

日本ではまず信じられない光景かと思います（先のホームセンターでの若者の接客対応はまた別の

問題ですが……）。

日本にはきめ細やかというか、きっちりとした仕事、サービスを提供するという文化が昔からあるのだと思っています。意識レベルの高さ、物づくりの品質のよさ、サービスの高さは、世界の中で誇れるものに違いありません。

ＢＭＷやメルセデスベンツなど外国の高級車は別として、大衆車でも故障しない高品質の車と言えば、真っ先に日本車が挙げられるでしょう。

ほかにも、ホテルのバスルームのタイルの貼《は》り方だったり、トイレ掃除の仕方だったり、海外に行くと、日本のクオリティの高さがよくわかります。

海外の道路をドライブすると、道路についても、日本の土木技術は素晴らしいと感じます。土木建築の水準が非常に高く、一直線に伸びる道路の側溝の精度の高さは、他国と比較をすれば驚くほどです。

そういう日本の高いクオリティは、これからも維持していかなければならないものだと思います。

電化製品にしてもそうです。例えば、電卓一つとってみても、手軽に買える安い商品から高品質の機種までたくさん揃っています。１００円で買える電卓と、５０００円の電卓。比べてみたら、やはりその違いがあるのです。

高い電卓は、キータッチが微妙にそれぞれ違っていたり、くぼみがついていて指が触れやすくなっていたり、細かい品質の差があるのです。

人によっては過剰品質と言う方もいるかもしれませんが、その「差」を生み出せるのが、私たち日本人の凄さなのです。

ユニクロやニトリなどの、安くていい商品はもちろん庶民にとってうれしいものですが、やっぱり2万円のセーターと１０００円のセーターと比べてみれば、その品質の違いは感じることができると思います。

一流の高品質な物には、やはりそれなりの価値があるのです。もしみんながみんな、安いだけの商品やサービスに慣《な》れていったとしたら、きっと日本の製品もサービスも質が低下していくでしょう。

一流を生み出す力、見る力を日本人として持ち続けたいものです。

人間の価値も同じことが言えると思います。私たち大人がどんどんぬるま湯に浸《つ》かって、それで十分、それでよしといった楽な道をたどろうとすれば、子どもたちはそのあとを追っかけて、きっと当たり前のようにぬるま湯に浸かってしまうことになるでしょう。

人の力は本当に偉大です。将来の日本という国をつくり上げてゆくのも、すべて私たち日本人の力にかかっています。

せっかく**日本人の素晴らしさがあるとしたら、これを次世代にも大切に伝えていくべきなのです。**

◉海外で活躍する日本人からのエール

みなさん、「和僑」という言葉を知っていますか？

国外で経済的に力を持っている中国人を「華僑」と呼ぶのと同様に、「和僑」とは海外進出し、現地籍を持つ日本人の起業家を指す呼び名です。これからのグローバル時代には、「和僑」のような存在がもっと活躍していくべきだと思っています。

もちろん、私自身もチャンスがあればそれを望みます。

これから社会人として巣立っていく子どもたちも然り、日本人が誇りを持って、海外に出ていけば、日本と世界をつなぐ強いパイプになるでしょう。

また、ビジネスだけでなく、スポーツの分野でも世界的に活躍している若者がいることを忘れてはいけません。

２０１２年１月、全豪オープンでベスト８入りを果たした、テニスプレーヤーの錦織圭選手です。彼は５歳のとき、お父さんが海外出張のお土産《みやげ》でテニスラケットを買ってきたのをきっかけにテニスを始め、徐々に才能を開花させていきました。

やがて13歳の頃、テニス基金を受けて、アメリカの全寮制のテニス養成学校へ入学。世界中から強い選手が集まり、世界中から奨学金を得て留学制度で来ている選手も多い学校で、体力的にも精神的にも鍛えられたそうです。

実は「圭」という名前は、両親が海外でも呼びやすいものをということでつけたそうです。

錦織選手は、「当時（アメリカの学校時代）は練習が嫌《いや》で嫌で仕方なかったですけど、今思うと、それが自分にとって必要なことだったと思います」と語っています。当時、コーチを務めた米沢徹氏は、「外国で世界中の選手といろいろと競い合っていく感覚を身につけてほしい」という思いを込め、小さい身体の錦織選手に3人前のご飯を食べるよう指示していたそうです。

惜しくも大会では敗退してしまいましたが、全豪オープンで日本男子がベスト8入りしたのは、なんと80年ぶりだったそうです。

しかし、まだ錦織選手は弱冠22歳。これからの活躍が、ますます楽しみです。

さて、海外で活躍している日本人から、内向き指向の若者にエールが送られてきています。

2010年にノーベル化学賞を受賞した、根岸英一さんの記者会見での様子です。内向き志向が指摘される日本研究者らに「若者は海外に出よ」と呼びかけ、「ある一定期間（海外に）出ることで日本を外から見ることが重要」と述べ、若者に奮起を促す一方で、「日本はカンファタブル（居心地良い）」と語っています。

（出典：2010年10月7日　共同通信社配信、2010年10月7日付　静岡新聞）

また、２０１１年に世界文化賞音楽部門を受賞した指揮者の小澤征爾氏は、「僕は指揮者なので、自分では音を出せない。今回の受賞は、サイトウ・キネン・オーケストラの仲間たちや指導している学生たちと一緒にもらったものと思っています」と感謝の意を表明しました。

さらに、「僕は日本も日本人も大好きだが、音楽界だけでなく日本社会全体に真剣さが足りない気がする。若い日本人の音楽家は緻密《ちみつ》で正確で勤勉な人が多いが、もっと世界に飛び出してほしい」と海外で経験することの大切さを強調しました。

（出典：２０１１年10月19日付　産経スポーツ）

どちらのお二人も、日本のぬるま湯社会を指摘しています。海外で活躍するからこそ、日本人の置かれている状況がよくわかるのでしょう。

何事も、外に出ないと気づかないことがあります。部屋に閉じこもって、イヤフォンで音楽を聴いていたら、インターホンが鳴っていることに気づかないとか、カーテンを閉めっぱなしだったら、外の雨がいつのまにか雪に変わっていたということもあります。

みなさんは、日本の素晴らしさや日本人のよさをすぐに人に伝えることができますか？
日本にいると、当たり前で気づかないことがたくさんあります。

電車が時間通りに着くことも、
財布が落ちていてたら、交番に届けることも、
和を重んじて、組織力を高めることも、
……みんなみんな、日本人の素晴らしい美徳なのです。

外国に行ってみると、日本では当たり前のことがまったく違うということに気づくでしょう。
日本って、なんて素晴らしい国なんだと思うことがきっとあるはずです。
人から聞く話ではなく、自分が実際に行って、目にして、耳にして、肌で体感するということが、どんなに大切かもわかるでしょう。

一歩外に飛び出すということは、自分を知るきっかけ、そして自信につながるのです。

◉厳しさに挑戦し、成長を喜べるような生き方を

「百俵の米も、食えばたちまちなくなるが、教育にあてれば明日の一万、百万俵となる」という言葉があります。

これは、幕末から明治初期にかけて活躍した長岡藩の藩士・小林虎三郎氏の故事です。戦争に敗れた長岡藩の窮地を救うために贈られた百俵の米が、小林氏の一存で学校設置の費用に充てられたという話。この物語は「米百俵の精神」と呼ばれ、小泉純一郎元首相が演説で用いたことで「流行語大賞」にもなりました。

この話は、「人を育てる」ということが何よりも大事だと教えてくれています。昔からある古きよき日本の文化も伝統も習慣も、受け継いで伝えていく、教えていくということがとても大切なのです。

昔は、学校に行きたくても行けない時代がありました。今はある程度の費用があれば、学校に行かせることはできます。親御さんに、もし少しの経済的な余裕がある場合、自分の娯楽やご褒美《ほうび》として使うのではなく、将来の子どもへの投資として「子育て」に役立て

ることができれば、子どもの輝かしい未来につなげることもできます。

また、世の中には理不尽がつきものです。人は、理不尽と出会うことで鍛えられます。理不尽だらけの社会の大海原に早く慣れれば、たくましく育っていくことができるでしょう。冒頭でも述べたように、やはり子どものことを必要以上に心配し、過保護になり過ぎず、適度な関係を保つことが大切です。

私は、静岡県の浜松という地方都市で学習塾と留学へのサポートをさせていただいていますが、昔と違って情報が手に入りやすくはなったものの、まだまだ全国で情報格差があると思っています。もし留学に興味があっても一歩踏み出せない子どもがいたら、ぜひ応援してあげたいと思っています。一人でも多く、強くたくましく育ってほしいからです。

そして今一度、「愛犬に服を着せないことの価値」を考えてみようではありませんか。もともと服を着なくても寒さに耐えられる犬たちを、人間が寒かろうと服を繰り返し着せることで、「寒いから服を着せてもらわなきゃ散歩に行かない！」というような犬にしてはいけないと思うのです。「犬はペットなんだから、徹底的にかわいがればいいんだ。

服を着せるのだってたんなるファッションだ」という結論もあるでしょうし、もちろん犬好きの私は、その気持ちも本当によくわかります。

しかし、私たち人間、そして、私たちの子どもはペットではありません。

たとえ厳しい中でも、たくましく生きてゆける能力と才能を持って生まれてきた私たち人間の子どもに、ぬくぬくとした環境だけを与えてはいけないと思います。

人は、厳しさの中でも力強く、世界を牽引《けんいん》する力を持って生まれてきているはずです。

人として、そして日本人として、あえて厳しさに挑戦し、成長を喜べるような生き方をしようではありませんか。子どもの育て方をしようではありませんか。

私たちは厳しさに挑戦し、困難を克服できる力を持っているのですから。

そんな強い気持ちで日々を過ごすことができれば、就職難や将来のことなど恐れる必要はありません。きっと世界中から、「一緒に仕事をしよう！」と声がかけられるはずです。

私は、一人でも多くの若者がたくましく生きられるよう、心から願ってやみません。

おわりに

これまで私は、海外で鍛えられることの価値をさまざまな方々にお伝えし、子どもたちを、親元から、それも日本から離れて「海外」で生きる力を養わせてはどうかと述べてきました。

それに賛同し、その通りにしていただける方。
そうした考えを、日ごろの家庭教育に活かしていただける方。
さまざまな方がいらっしゃいます。

一方で、留学についてこんなことを言われる方がいます。
「叔父やいとこに留学をした人がいるが、困ったことが多かったと聞いている。だから子どもの留学は考えたくない。危険なことも多くあるらしいし……」

こうした考えの方々に、私は次のように言うことにしています。

「確かに留学や海外経験はリスクもありますが、私はそのリスクを取らないことがリスクだと思うのです」

「留学すれば、また、海外で生活をすればパラダイスが待っていると思うのは甘い考えです。海外で暮らすというのは、道場で修行をすることですから」

「親や社会が子どもたちの進む道を平坦にならしてあげられる時期は限られています。子どもたちは好むと好まざるとに関わらず、自ら険しい道を進み乗り越えてゆかなければなりません」

「海外での苦労は、長い人生において振り返れば必ずプラスになります。グローバル化が進む厳しい社会で生きなければならない子どもたちを、社会の第一線で活躍させようと思えば、そのリスクを取らないことが大きなリスクになるのです。『リスクを取らないリスク』について、ぜひ一度考えてみてください」と。


ところで、「はじめに」で書かせていただいた、お気軽な散歩道化した子どもたちの歩む道。その道をよく観察すると、ところどころに用意され、使われてきた休憩所や宿泊所の居心地がどうもよくないようです。道の整備ばかりに気をとられ、ベンチは壊《こわ》れ、食堂は冷たいものしか出てこない。宿泊所は無人でクモの巣が張り、雨漏《あまも》りでゆっくり休んでもいられない。これでは、いくら道が整備されても重い荷物を背負った子どもたちが疲れを癒《いや》す時間や場所がありません。

私はこう思うのです。

道は険しくとも、子どもたちは大丈夫。しっかりと山川を越えて歩きます。必要なのは、整備の行き届いた休憩所、宿泊所を用意することです。

疲れた子どもを「お疲れさま」と言って出迎えてくれる場所（親）、温かい味噌汁《みそしる》が出てくる食堂（食事）、陽《ひ》に干《ほ》した布団《ふとん》でぐっすりと眠ることができる宿舎（家庭）。重い荷物を背負って厳しい道を歩いた子どもたちもそこでリフレッシュして、また次を目指せるはずです。

本書によって、子どもたちが本来持ったくましさを伸ばす家庭環境、社会環境、生活環境の提供への「気付き」を一人でも多くのみなさんに感じ取ってもらえることを心から願っております。

本書を出版するに当たり、留学生の親としての声を寄せていただいた清水裕子様、体験談を寄せていただいた松永眞侑様、小川綾乃様、中本育代様、そして、編集にご協力いただいた創碧社の清水哲也様、芳澤真由美様には、心から感謝申し上げます。

大場規之

2012年12月

ISC 留学 net　地域留学センター　一覧

エリア	都道府県	拠点名	塾事業者名
北海道	北海道	ISC 札幌留学センター	個別学習塾　Growth
		ISC 十勝留学センター	和喜塾
東北	青森県	ISC 弘前留学センター	弘前総合学習館　Aschool
	宮城県	ISC 仙台留学センター	修学館　Will be
	山形県	ISC 天童留学センター	優
	福島県	ISC 福島留学センター	レッツ英会話スクール
関東	茨城県	ISC 守谷留学センター	Study Place 翔智塾
	栃木県	ISC 宇都宮留学センター	進学塾 ACADEMY　宇都宮本校
	埼玉県	ISC 所沢留学センター	FLEC
		ISC 本庄早稲田留学センター	早稲田オープン塾　本庄駅南教室
		ISC 八潮留学センター	個別指導の Go'en！（ゴーエン）
	東京都	ISC 新宿牛込留学センター	グリップ 新宿牛込校
	神奈川県	ISC 横浜留学センター	グリップ 横浜荏田校
		ISC 相模原留学センター	PRO ゼミ
		ISC 小田原留学センター	慧真館
北陸	石川県	ISC 能登留学センター	志学舎
		ISC 七尾留学センター	志工房
		ISC 金沢留学センター	KEC
	福井県	ISC 福井留学センター	留学アドバイザリーオフィス福井
甲信越	山梨県	ISC 甲府留学センター	SEED 進学会
	長野県	ISC 長野留学センター	倉科英語塾
		ISC 松本留学センター	アルプス・ランゲージ・インスティチュート
		ISC 諏訪留学センター	グローバル・ビレッジ・スクール・オブ・イングリッシュ
東海	岐阜県	ISC 岐阜留学センター	キタン塾
		ISC 高山留学センター	アイエム学院
	静岡県	ISC 富士宮留学センター	フレンドリー
		ISC 富士留学センター	東海ゼミ
		ISC 静岡留学センター	和田塾　静岡駅南校
		ISC 浜北留学センター	学習支援の会

東海	静岡県	ISC 掛川留学センター	和田塾 掛川大池校
		ISC 袋井留学センター	東郷塾
		ISC 浜松留学センター	和田塾　佐鳴台校
	愛知県	ISC 名古屋 CUBE 留学センター	進学塾 CUBE
		ISC 名古屋 SKY 留学センター	名大 SKY
	三重県	ISC 伊勢留学センター	進学塾　SENCE（旧大城教育学院）
		ISC 伊賀留学センター	学舎
近畿	滋賀県	ISC 彦根留学センター	ABC ENGLISH International School
		ISC 草津留学センター	学誠舎
	京都府	ISC 京都城陽留学センター	明秀館
	大阪府	ISC 大阪池田留学センター	進学塾 TMC 池田
	兵庫県	ISC 神戸留学センター	シュリーマンアカデミー
	奈良県	ISC 生駒留学センター	リード個別指導
	和歌山県	ISC 橋本留学センター	早稲田オープン塾　橋本高野口教室
中国	鳥取県	ISC 鳥取留学センター	進学塾 Bee ゼミナール
		ISC 米子留学センター	ズー・フォニックス・アカデミー 米子校
	島根県	ISC 松江留学センター	昇英館
	岡山県	ISC 倉敷留学センター	咲塾
	広島県	ISC 福山留学センター	パワーゼミ
	山口県	ISC 山口留学センター	かわしま進学塾
四国	香川県	ISC 高松留学センター	家庭教師びずー！　英達塾
	愛媛県	ISC 今治留学センター	伸学館
		ISC 宇和島留学センター	朋友塾
	高知県	ISC 高知留学センター	潮江アカデミー
九州	福岡県	ISC 北九州留学センター	進学塾マイティーチャー
		ISC 福岡留学センター	誠和館
		ISC 久留米留学センター	ヘールアカデミー
	佐賀県	ISC 佐賀留学センター	Progredior（プログレディオール）
	熊本県	ISC 熊本留学センター	いで塾
	鹿児島県	ISC 鹿児島留学センター	太陽進学塾
沖縄	沖縄県	ISC 沖縄留学センター	意伸学院

(2012 年 8 月現在 60 拠点)

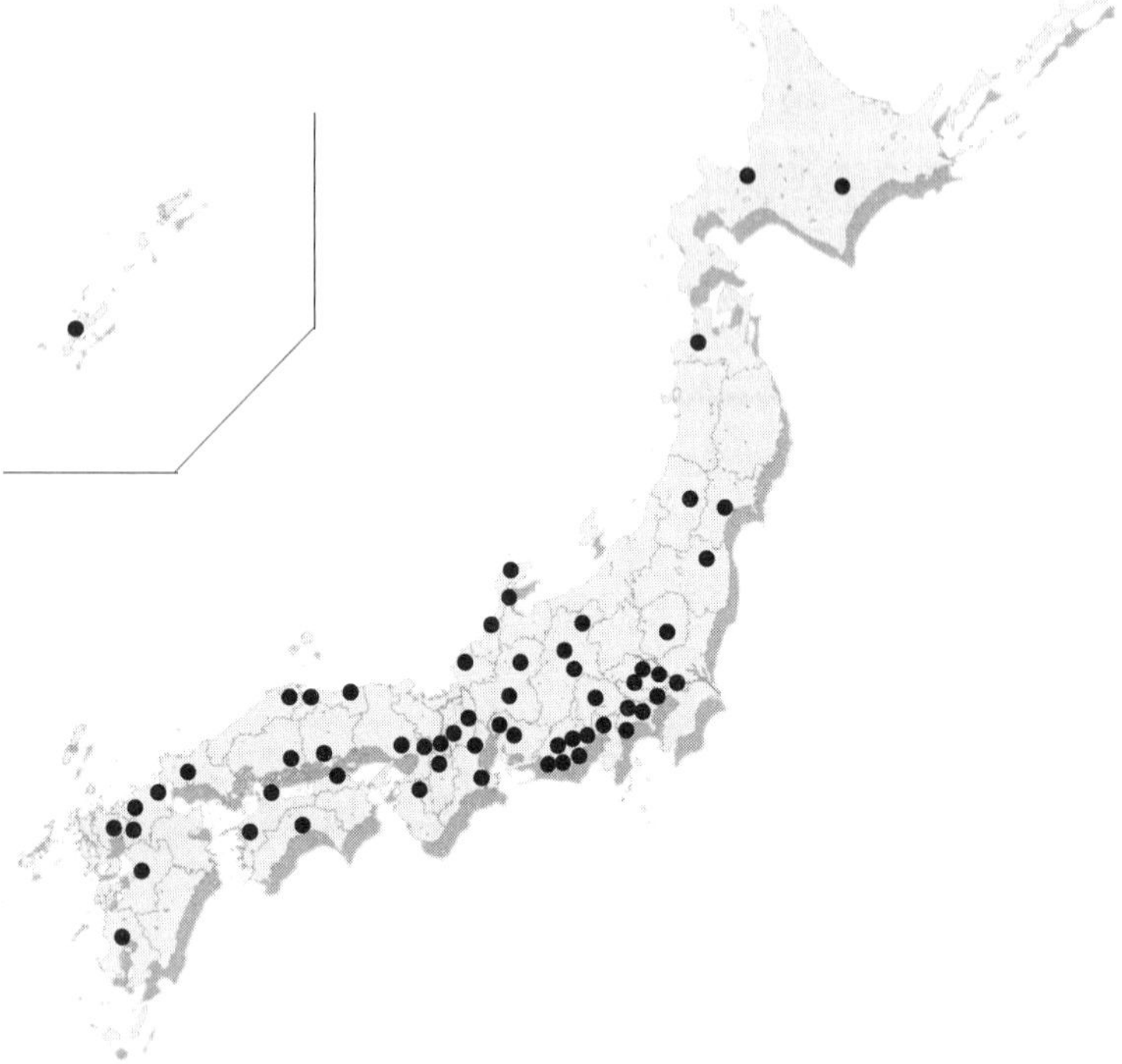

● ISC 留学 net 本部　株式会社和田塾 ISC 留学 net 事業部
〒432-8021
静岡県浜松市中区佐鳴台 5-28-2
TEL：053-449-6661
http://iscnet.jp

【著者紹介】
大場規之（おおば・のりゆき）
株式会社和田塾代表取締役。ISC 留学 net 代表。
1963 年、静岡県袋井市生まれ。高校 2 年生のとき、初めて単身渡米。
1987 年、慶応義塾大学理工学部卒業後、電気分析機器メーカーの株式会社堀場製作所に就職。うち約 4 年半、フランスを中心にヨーロッパの子会社に海外赴任。
1993 年、株式会社和田塾に就職。専務取締役を経て、2009 年、代表取締役に就任。
現在、地域に根ざした学習塾という強みを活かし、地方学生の海外留学をサポートするために、2009 年、全国に ISC 留学 net を展開。目標は「1 万人の留学生の親になる」こと。
2001 年、静岡県議会議員選挙に当選し、当時、県議会最年少議員として奮闘するなど、多彩な経験を持つ。
趣味は、子育て、旅行、釣り、スキー、カメラ、DIY など。

わが子の自立が不安なら留学で突き放しなさい！

二〇一三年三月一五日　第一刷

著　者　大場規之
発行者　山下隆夫
企画・編集　株式会社　ザ・ブック
東京都新宿区若宮町二九　若宮ハウス二〇三
電話（〇三）三二六六－〇二六三

発　行　太陽出版
東京都文京区本郷四－一－一四
TEL（〇三）三八一四－〇四七一
FAX（〇三）三八一四－二三六六

印刷・製本　株式会社　シナノ

ISBN 978-4-88469-767-9